教师发展力丛书

丛书总主编 武丽志 孟繁胜

从优秀到卓越

教师信息力的 12项修炼

主 编／张秀梅 张学波 余 红

中国人民大学出版社
·北京·

图书在版编目（CIP）数据

从优秀到卓越：教师信息力的 12 项修炼 / 张秀梅，
张学波，余红主编. -- 北京：中国人民大学出版社，
2022.4

（教师发展力丛书）

ISBN 978-7-300-30061-0

Ⅰ. ①从… Ⅱ. ①张… ②张… ③余… Ⅲ. ①师资培
养 Ⅳ. ① G451.2

中国版本图书馆 CIP 数据核字（2021）第 254709 号

教师发展力丛书

丛书总主编　武丽志　孟繁胜

从优秀到卓越：教师信息力的 12 项修炼

主　编　张秀梅　张学波　余　红

Cong Youxiu dao Zhuoyue: Jiaoshi Xinxili de 12 Xiang Xiulian

出版发行	中国人民大学出版社			
社　　址	北京中关村大街 31 号		**邮政编码**	100080
电　　话	010 - 62511242（总编室）		010 - 62511770（质管部）	
	010 - 82501766（邮购部）		010 - 62514148（门市部）	
	010 - 62515195（发行公司）		010 - 62515275（盗版举报）	
网　　址	http://www.crup.com.cn			
经　　销	新华书店			
印　　刷	固安县铭成印刷有限公司			
开　　本	787 mm × 1092 mm　1/16		**版　　次**	2022 年 4 月第 1 版
印　　张	14.75		**印　　次**	2024 年 6 月第 2 次印刷
字　　数	335 000		**定　　价**	48.00 元

版权所有　侵权必究　印装差错　负责调换

百校千课共享联盟理事会

理 事 长：严继昌

副理事长：侯建军　陶正苏　马国刚　张　震

百校千课共享联盟融媒体系列教材——教师发展力丛书编委会

主　　任：严继昌

总 主 编：武丽志　孟繁胜

执行主编：（以姓氏笔画为序）

　　　　　从春侠　许占权　李　洋　杨　敏　吴铁钧

　　　　　张秀梅　武丽志　程进才　鲍鹏山

编　　委：（以姓氏笔画为序）

　　　　　丁月牙　　　　国家教育行政学院

　　　　　刁庆军　　　　清华大学

　　　　　万　春　　　　上海开放大学

　　　　　马　英　　　　北京教育学院

　　　　　王冬冬　　　　奥鹏远程教育中心

　　　　　王宁宁　　　　北京开放大学

　　　　　王成龙　　　　国家教育行政学院

　　　　　王丽珍　　　　山西大同大学

　　　　　王伯军　　　　上海开放大学

　　　　　王海波　　　　湛江二中港城中学

　　　　　亓俊国　　　　北京师范大学

　　　　　邓　毅　　　　华南师范大学

　　　　　石长征　　　　衡水学院

卢子洲　　　华中师范大学

冯宇红　　　湛江市赤坎区教师发展中心

冯健文　　　韩山师范学院

任广卉　　　山东省邹城市第一实验小学教育集团

庄建华　　　山东省邹城市第一实验小学教育集团

刘　静　　　北京教育学院

刘海星　　　华南师范大学

齐小梅　　　北京教育学院

闫寒冰　　　华东师范大学

许　力　　　广东省教育技术中心

许　蔚　　　复旦大学

孙传远　　　上海开放大学

李文送　　　岭南师范学院附属中学

李立君　　　广东财经大学

李记旭　　　韩山师范学院

李爱铭　　　上海开放大学

李智平　　　湛江市赤坎区教师发展中心

杨　丽　　　四川仕途名师堂教育科技有限公司

杨　洪　　　四川民族学院

杨芳芳　　　上海市嘉定区南翔中学

杨晓丽　　　国家教育行政学院

邱晓婷　　　苏州大学

余致晓　　　深圳市罗湖教育科学研究院

宋海英　　　吉林省教育学院

张　瑾　　　上海开放大学

张　震　　　北京网梯科技发展有限公司

张二虎　　　北京市第二中学通州校区

张妙龄　　　岭南师范学院

张佳伟　　　苏州大学

张学波	华南师范大学
张轶斌	上海开放大学
张福生	北京教育学院
陈玉娟	湛江第八中学
陈圣德	岭南师范学院附属中学
欧阳慧玲	广东省教育技术中心
罗建新	首都师范大学
罗朝明	西南大学
孟　欣	北京教育学院
赵志峰	人民教育出版社
侯　荔	邹城市教体局
洪　越	苏州市相城区教育发展中心
洪彦龙	上海开放大学
贾汇亮	广东第二师范学院
夏金良	河北省廊坊市大厂第一回民中学
翁朱华	上海开放大学
梁　业	广东省惠州市龙门县教育局
梁富华	邹城市教体局
董丽敏	上海开放大学
蒋凤春	河北师范大学
蒋帮民	山东省邹城市第一实验小学教育集团
惠　兰	苏州市姑苏区教师发展中心
曾维义	重庆市江北区教师进修学院
缪世林	苏州大学
薛东前	陕西师范大学
魏　芸	山东省邹城市第一实验小学教育集团

 **序**

　　百年大计，教育为本；教育大计，教师为本！没有好的教师，就没有高质量的教育。教师作为教育发展的第一资源，是国家富强、民族振兴、人民幸福的重要基石，承担着传播知识、传播思想、传播真理的历史使命，肩负着塑造灵魂、塑造生命、塑造人的时代重任。中共中央、国务院高度重视教师队伍建设，2018年出台了新中国成立以来第一个专门面向教师队伍建设的里程碑式政策文件——《关于全面深化新时代教师队伍建设改革的意见》，确立了教师队伍建设的"极端重要性"战略地位。

　　"兴国必先强师"已然成为共识。那么，具体到教师个体及群体的专业发展实践，好教师是如何养成（炼成）的呢？名师的成长、成功又是否有"规律"可循，有"秘籍"可学呢？由华南师范大学武丽志博士和东北师范大学孟繁胜博士任丛书主编，国家教育行政学院、华南师范大学、苏州大学、首都师范大学、上海开放大学、岭南师范学院等高校以及奥鹏教育的九支教师培训专家团队共同撰写的"教师发展力丛书"，较好地回答了这一问题，并给出了一系列切实可行的策略。

　　"教师发展力丛书"共九本，特色鲜明，是"百校千课共享联盟"推出的第一套非学历融媒体教材，开了一个好头，形成了很好的示范效应。本丛书创意非常好，内容非常实，既可用于教师以自我提升、自我发展为目的的自学，亦可用于教师培训组织（院校、机构）开展相关主题的教师培训。本丛书有利于教师培训工作的内涵建设与质量提升，有利于教师培训工作实施的标准化与科学化，也有利于教师培训的品牌建设与模式推广。

具体来说，这套丛书的特色主要包括如下方面：

一、强调立德树人，弘扬传统文化

本丛书中，《立德树人：师德涵养之道》和《中华传统文化核心经典选读：教师读本》围绕师德师风展开，具有十分重要的基础和核心地位。"德"是教师专业发展必须坚守的"根本"。作为新时代的一名合格教师，要真正做到"有理想信念、有道德情操、有扎实学识、有仁爱之心"，就必须厚植中华优秀传统文化底蕴，夯实高尚师德师风，坚持立德树人、育人为本，努力以德立身、以德立学、以德施教、以德育德。这是打造新时代中国高素质教师队伍的内在要求和重要保证。

二、构建完整体系，打造"六脉神剑"

本丛书中有六本书的名字非常相似，分别是《从优秀到卓越：教师创新力的 12 项修炼》《从优秀到卓越：教师信息力的 12 项修炼》《从优秀到卓越：教师学习力的 12 项修炼》《从优秀到卓越：教师领导力的 12 项修炼》《从优秀到卓越：教师研究力的 12 项修炼》《从优秀到卓越：教师文化力的 12 项修炼》。这是教师专业发展的六个关键维度，也是本丛书主编基于多年教师培训实践提出的"六脉神剑"，分别是：以教学改革为核心的创新力；"互联网＋"时代的信息力；面向终身学习、数字化学习的学习力；立足学生和课程，强化管理、引领价值的领导力；推动教学质量不断提升的研究力；成长为名师所必备的厚积薄发的文化力。这六个维度并行不悖，相互融合，共同支持并成就着教师个体及群体的专业发展。

三、关注青年教师，推进教师进阶

人的一生虽然漫长，但关键的只有那么几步。对于教师来说，走上讲台的头几年最为关键。如何有效推动新手教师尽快完成从学习者到传授者的转变，从追随者到引领者的转变，从职场外到职场内的转变呢？本丛书专门设置一本《新教师的进阶之路》来讨论并回答这一问题，瞄准教师从教之初的痛点和难点，帮助新教师尽快"站稳讲台"并成为"教学能手"，规范"外在行为"并塑造"内在品德"，朝着"优秀教师""卓越教师"甚至"未来教育家"的方向努力。

四、内容直击痛点，力求深入浅出

本丛书的主编及所有作者均来自教师培训的第一线，很多作者既是教师培训的授课专家，又是管理者，因此了解教师专业发展的困境和问题，深谙教师专业发展的实际需求和痛点、难点。每一本书的内容组织都是有的放矢，且不绕弯子，既做到了深入浅出，又结合了丰富的生动案例，整套书的可读性非常强。可以这么说，本丛书是作者们多年培训授课经验的总结积累、提炼升华，是培训师们在自己授课领域的智慧结晶，且经过了培训课堂的反复实践检验，因此内容非常实、干货非常多。

五、创新出版模式，扬融媒体特色

百校千课共享联盟一直在组织开发并极力推广的都是基于互联网的融媒体教材，本丛书也不例外。融媒体教材以知识点为中心，"学、测、评、导"一体化，每个知识点配有二维码，支持读者通过扫码随时随地学习，既助力了出版社教材建设的创新转型，又促进了基于融媒体的在线教学。具体到本丛书，每本书都通过封底二维码链接到专家团队的完整在线课程。本丛书不仅是纸介的培训教材、教师读物，也是适用于在线培训的完整网络培训课程，其培训目标明确、内容体系完整、线上线下资源建设齐备，因此适用面极广，极具推广价值。与此同时，融媒体也赋予了本丛书不断更新、不断完善、不断发展的可能。

六、立足网络时代，提升信息素养

信息化、网络化、智能化是本丛书撰写的时代大背景，因此其中的每本书都有"互联网＋"的基因，都是在新技术环境下对教师专业发展的思考和探索。提升教师信息素养，推动教师在互联网生态中发展，是本丛书的设计理念之一。比如《从优秀到卓越：教师研究力的 12 项修炼》基于网络的文献检索、调查访谈、成果撰写与传播等，《从优秀到卓越：教师创新力的 12 项修炼》基于网络的直播课堂、翻转课堂、融合创新、智慧教育等，《从优秀到卓越：教师学习力的 12 项修炼》基于网络的信息获取、加工，以及数字化学习、终身学习，等等。

以上六个特色是本丛书价值的集中体现。教师专业发展的道路是漫长的，每个教师从"新手"到"成熟"，从"骨干"到"名师"，从"优秀"到"卓越"，本无固定的章法和套路，但本丛书，特别是其中的"六脉神剑"，应该能够给老师们积极的启示和指引。希望读者都能喜欢，并从中受益！

是为序。

百校千课共享联盟　理事长　　严继昌
全国高校现代远程教育协作组　秘书长
2021 年 7 月于北京清华园

 前言

    2013 年以来，教育部教师工作司面向全国 1 000 多万中小学、幼儿园教师（含中职教师）每五年实施一个阶段的信息技术应用能力提升工程。2019 年，我有幸被推荐为教育部中小学教师信息技术应用能力提升工程 2.0 专家组成员，加入一线教师能力提升推进工作这一伟大任务中，这本书可以更好地助力我们完成这项任务。

    我个人对中小学教师信息技术能力提升方面需求最深切的了解最早来自 2015 年冬季承担的广东省某地级市教育信息化"十三五"规划研制项目，当时分层抽样走访了 31 所学校，与 300 多位教师数次座谈，发放问卷 800 多份。依然记得当年十二月份南方连日湿冷的雨天，我带着团队对不同类别、不同层次学校的调研走访，学校都是按照当地教育局提供的学校名单严格分层抽样筛选出来的，我要求自己必须都走一遍看看。学校既有中小学、幼儿园，也有中职、高职学校；既有城市中心学校，也有边远的农村教学点。摸查下来，听到老师们关心最多的总是这样几件事：设备、网络、资源、培训，特别是培训，教师对资源制作、设备使用方面培训需求非常之大。随后，数据翔实的报告及研制成型的规划呈交给当地教育局，项目就此了结。2016 年的秋季学期，我接到一个电话，是当地某县电教站叶站长打来的，他询问是否可以去当地给老师们开展有关课件制作的实操培训。于是我带着团队前往，开始了第一期以微课制作为主题的培训。到 2020 年我们陆续开展了近四十期的面授实操课培训，2 000 多位老师在电脑室完成培训。规划研制后的实践干预和改进工作就这样形成了闭环，本书稿的初始内容就是受训教师所学的内容。

    从最初一个县的连续三期九天的培训，到后来其他区、县陆续请我们去做实操培训，我越发肯定的判断是：针对教师信息技术能力提升的实操培训，是当下教育信息化推进中教师方面需求

最大但供给最薄弱的。随着多位参训教师在中国微课大赛中获奖，我们的培训质量广受认可，培训开始走进了广州市内的城区学校，主题也从 1.0 微课制作逐步过渡到 2.0 智慧教学工具的学习，内容体系越来越成熟，这就是本书内容的形成过程。

近几年在协助各地推进 2.0 工程时，有机会去到不同省份的中小学校考察学习并与教师交流，我越来越明白一个非常浅显但常被人忽视的道理，那就是：教师的信息技术能力首先是实操能力。不论信息技术发展到什么阶段，不论人工智能和大数据离我们有多近或多远，教师信息技术能力提升永远都绕不开最基本的设备、工具、软件、平台的应用等，这些技能必须要教师本人亲手动动鼠标，用用相关软件才能养成，而不是单纯的坐而听道，被动的理解如何把技术融合进课堂的一些大道理，有"技"才有"术"。当前教师信息技术应用更加强调技术与课堂的融合，更加强调教师一个个微能力点的学以致用，而融合应用的前提必须建立在教师已经学会了如何跟实体的、物理的信息技术环境和工具打交道的基础之上，或者说已经学会了做课件、做微课、大小屏互动教学等基本的操作技能。没有这些"技"，是不可能发展出来如何融合创新这些"术"的。这些看似简单的技能操作就是"1"，又恰恰是教师通过网络学习及个人自学最难坚持和发展起来的，没有实操训练、亲身实践，单纯的去了解融合理念、教学方法，只是进行网络研修是远远不够的。唯有先具备了掌握技术的技能"1"，开展系统的体验式学习，后面的研磨、研修等无数个"0"才能发挥作用。

基于以上观察与判断，我们为越来越多的学校和教师搭建适合他们的"脚手架"，这也是本书四篇十二章内容主要涵盖的内容，包括：简易的教学资源制作、复杂微课的设计与开发、虚拟与现实的教学空间的使用、智慧教学工具的掌握、对人工智能的理解，教师可以根据实际水平有选择地学习。限于篇幅，我们按主题分类，仅从十几款常用软件中选择最重要的进行讲解，解决大部分教师信息化教学技能不足、短腿的问题。

当前各类中小学校的信息化环境越来越好，未来教师除了要持续提升个人的信息素养和基本技能，还要重视提升数据素养，这是进入人工智能社会，教师迎面而来的新课题。不论信息技术发展到 X.0 的哪个阶段，我们都将持续学习去支持广大教师做好能力储备，打好基础，携手迎接教育信息化更加美好的明天。

张秀梅

目 录

第一篇

小材大用：简易的教学资源制作

金课打造：复杂微课的设计与开发

虚拟与现实：教学空间的融合

第四篇

因材施教：进无止境的智慧教学

第一篇

小材大用：简易的教学资源制作

第一章

素材的获取与加工

　　作为颗粒度最小的资源，素材是教师备课都要用到的一类数字化资源，它可以进一步加工成课件、网络课程等。素材常见类型有图形、图像、动画、视频、音频等，本章我们来学习这些素材的获取来源、途径、方法以及简单的加工软件，如格式工厂等。

第一节　常用资源来源及图片的简单加工

一、常见的素材类型及特点

　　我们常用的数字化教学资源有素材、课件、数字化教材、网络课程、题库、量表等，其中最简单的素材又可分为图形、图像、动画、视频、音频等类型，其文件存储的格式也有所不同，如表1-1所示。

表1-1　素材类型和格式

素材类型	文件扩展名
文本	TXT、DOC.、DOCX、WPS
图片	BMP、JPG、PNG、GIF、SWF、CDR
音频	MP3、WAV、WMA、AAC、CDA
视频	AVI、FLV、MP4、3GP
动画	MB、SWF、ANI、GIF、FLA

　　许多网站推出免费共享的素材、教学课件以及网络课程，可以大大减轻教师加工和制作资源的负担，这些资源网址如表1-2所示。

表1-2　中小学教师常用教学素材和资源网址

资源库名称	网址和机构	介绍
国家教育资源公共服务平台	http://www.eduyun.cn	国家基础教育资源网
人教社数字化教材	https://www.pep.com.cn/ 人民教育出版社	以人教数字教材为核心，集教材配套教学资源、全学科精选题库、教学应用及学科教学工具于一体的数字化教学平台

续表

资源库名称	网址和机构	介绍
站长之家	http://sc.chinaz.com 厦门享联科技有限公司，创办于2005年	课件制作各种素材、模板的汇集地
学科网	http://www.zxxk.com/ http://www.xuekeedu.com	国内权威中小学教育资源门户网站，拥有试题、试卷、课件、教案、音频等教学资源，下设中学学科网、小学学科网
101教育PPT	https://ppt.101.com/ 福建网龙网络公司	PPT课件居多
中国知网	http://www.cnki.net 国家知识基础设施	期刊文献数据库，类似的还有维普网、万方数据库，新浪的爱问知识人、超星学习通、百度文库、百度学术以及国外的Web of Science、ProQuest等数据库
中国大学MOOC	https://www.icourse163.org/ 高等教育出版社和网易云课堂于2014年共同创办，有手机端App	优质在线学习平台，类似的还有：学堂在线（https://next.xuetangx.com/），智慧树在线教育平台（https://www.zhihuishu.com/），好大学在线（https://www.cnmooc.org/home/index.mooc）等
爱课程（中国教师教育MOOC）	http://tmooc.icourses.cn/ 高等教育出版社，有手机端App	免费开放在线课程，教师专业发展的加油站
一师一优课	https://1s1k.eduyun.cn/ 中央电教馆	全国教师赛课获奖课程实录

二、获取图片素材的方法

图形、图像会提升课件的吸引力和内容的直观性。我们可以用数码相机拍摄，扫描仪扫描，用软件绘制，还可以从网上下载。我们介绍这样几种图片类的素材网站：综合性素材网站（站长素材，http://sc.chinaz.com/）、图片素材网站（千图网，https://www.58pic.com/；千库网，https://588ku.com/）以及图标素材网站（懒人图库，http://www.lanrentuku.com/）。那么如何下载和加工呢？

对于图片/图标素材的获取与下载，主要有三种方法。

1. 直接登录网站下载

以千图网为例，首先打开千图网网址，搜索想要下载的图片类型，如"目录"。找到目标素材，点击下载。

2. 图片另存为

一部分网站的图片素材可以直接选中，右键点击图片另存为进行保存。

3. 截图

（1）快捷键PrtSc截图。

打开需要截图的页面，按下键盘上的PrtSc（printscreen）键进行全屏截图，当前所截取的图片会暂时保留在系统剪贴板中，如需将截图插到PPT或Word等文件中适当位置，使用 Ctrl+V 键粘贴即可。

如果要截取小窗口的内容，则需要同时按住键盘上的 Alt 键和 PrtSc 键。

（2）QQ 或微信的屏幕截图。

点击 QQ 或微信聊天窗口的截屏按钮即可截图，也可使用快捷键 Ctrl+Alt+A 截图。

（3）浏览器截图。

目前多数浏览器都自带截图插件。以 QQ 浏览器为例，打开它后，单击右上角的 ✂ ·
"剪刀"按钮，按住鼠标左键框选所需截取的内容区域，即可截图，还可以使用矩形或圆
形工具对截图中的内容进行标注，或者可以添加文字和箭头等。之后点击完成，将其暂
存在剪贴板上，也可以点击保存，将其另存为一张单独的图片作为素材使用。

如果想要截取浏览器页面以外的内容，则点击截图下的指定区域截图（隐藏浏览器窗
口）即可。

如果浏览器上方的工具条没有出现剪刀形状的截屏按钮，需要打开浏览器菜单栏
上的"扩展应用"或"扩展管理"，找到截屏这个插件，启用即可显示到浏览器的工具
条上。

三、图片素材的加工及操作

图片处理软件最经典的当属 Photoshop，但难度较高。我们推荐一款免费易用且功
能强大的软件——图片工厂 Picosmos（http://www.picosmos.net/）。功能包括图片浏览、
编辑、添加特效、版面设计、拼接、批处理、抠图、动画制作、屏幕录制以及美化人
像等。

例如，在制作《咏鹅》课件（PPT、微课等）时，要将封面上鹅的图片进行模糊处
理，如何操作呢？在图片工厂的特效面板中，左侧为特效功能区，上方为菜单工具栏，
中间为素材编辑区域，操作步骤如图 1-1、图 1-2、图 1-3、图 1-4 所示。

图 1-1　导入图片

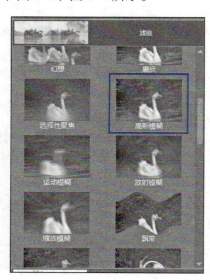

图 1-2　高斯模糊滤镜

图 1-3　高斯模糊参数设置

图 1-4　效果图保存

Step1：首先下载安装并打开图片工厂软件，点击特效。

Step2：在特效面板中，点击打开，导入图片源文件。

Step3：在左侧特效功能区选择滤镜中的高斯模糊。

Step4：在弹出的高斯模糊对话框中设置模糊的半径参数。

Step5：预览图片效果，并进行保存。

此外，常见的抠图功能，我们可以借助 PowerPoint 的图片工具实现。具体方法是：选中图片，切换到"格式"选项卡，单击"颜色"按钮选择"设置透明色"，然后在图片的纯色部分单击获取，这样图片就会自动删除背景色，只保留主体部分。

类似的常用图片处理软件还有美图秀秀（https://mt.meipai.com/）、光影魔术手（http://www.neoimaging.cn/）以及迅捷图片编辑器（http://ps.xunjiepdf.com/）等，可以选择性地使用。

第二节　声音素材的获取和加工

生活中的许多信息是通过声音来表达的，声音无处不在，声音的类型非常丰富，比如人说话的语音，自然界动物及风雨雷电等的音效，美妙的音乐，等等。这一节我们一起来学习如何获取声音并对声音进行加工。

一、声音的获取

声音素材的制作，可以采取录音、提取、转换等方式，或者从网上下载相关的声音文件。

1. 录音

通过电脑 Windows 中自带的录音机、录音笔、手机等都可以进行声音的录制，在教学中，我们可以将录制好的声音插到 PPT 或微课视频中使用。在录音时要保持环境的安静，避免噪音，以此获得高品质的声音效果。

2. 视频中提取音频

如果只需要使用视频中的音频，我们可以通过 Audition 等音频编辑软件，也可以使用会声会影等视频编辑软件把其中的音频提取出来。当然，用格式工厂这个小软件就能轻松地把视频瘦身为去掉影像的纯音频格式。

3. 文字转语音

在微课制作中，将文字转为语音的功能非常实用，尤其是对于普通话不自信的教师，可以借助电脑语音合成软件来解决这一问题，如可以通过"朗读女"这款软件直接把文字转成 MP3 格式的朗读文件，如图 1-5 所示。

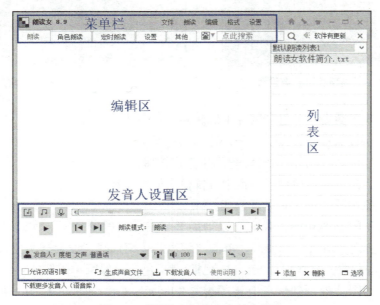

图 1-5　"朗读女"将文字转为语音

4. 网络音频的下载

网络上有很多关于音乐、音效的网站，可以获取丰富的声音素材，比如音效网（http://www.yinxiao.com/sucai.asp）和站长素材（http://sc.chinaz.com/）。

如果是音乐网站，我们可以借助浏览器中的视频音乐下载插件——Loady 进行下载。首先在浏览器的扩展中心安装 Loady 插件，安装完成后，打开网站中的音乐文件进行播放，Loady 插件会自动检测识别音乐文件，如果识别成功即可点击下载。

二、声音的初步加工

声音素材的初步加工主要包括声音的裁剪、将两段音频进行合并、音频格式的转换、音频速度的变快变慢、声音的淡入淡出等操作。这些操作都可以通过格式工厂软件来完成，非常方便快捷。这里只简单了解格式工厂中的格式转换、音频合并和裁剪功能。

在格式工厂首页，提供了音频的格式转换功能和音频合并功能。

1. 音频格式转换

我们获取到的音频文件类型多种多样，但部分软件只支持 MP3 格式，我们可以在格式工厂中进行格式的转换，首先选中 MP3 格式，再添加需要转换的音频文件，最后设置好文件存储的位置，开始转换即可。

2. 音频合并

在格式工厂中还提供了音频合并功能，可以将两段音频合为一段音频，操作也非常简单，如图1-6所示，只需要点击"音频合并"，再将两段音频按顺序添加进来，最后合成就好。

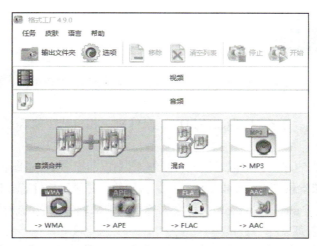

图1-6　格式工厂的音频合并和格式转换

3. 音频裁剪

在格式工厂中进行音频的裁剪，需要先选择一种音频格式，如 MP3 格式，再添加需要裁剪的文件，文件添加之后会激活裁剪功能。点击"裁剪"，进入音频裁剪界面，如图1-7所示，可以对音频进行试听，再截取开始时间和结束时间，设置完成后点击"确定"，返回首页开始裁剪，最后在输出文件夹中可以看到裁剪之后的音乐文件。

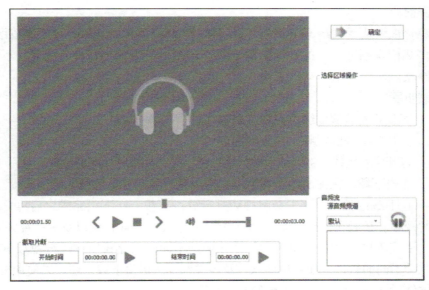

图1-7　格式工厂的音频裁剪

对于音频更加全面细致的加工方法，我们会在后续有关格式工厂和会声会影软件介绍部分再深入了解。

第三节　视频素材的获取和加工

一、视频的获取方式

对于视频素材，可以通过设备录像、屏幕录制以及网上视频资源下载等方式进行获取。

1. 设备录像

如果想要获得第一手资料，可以用 DV、录像机、相机或手机等设备进行直接录像。

2. 屏幕录制

对于软件操作类的课程，可以通过屏幕录制来制作，边讲解边录制，这样可以清晰地呈现操作过程，具有课堂录像无法比拟的优越性。常用的屏幕录制软件有屏幕录像大师、oCam、EV 等录屏软件以及 Camtasia Studio、会声会影等视频编辑软件内嵌的捕获屏幕视频功能。

3. 网上视频的获取

网络上很多视频需要专门的软件才能下载，如稞麦、硕鼠、视频下载王、维棠等。还有一些浏览器插件也可以进行视频资源的下载，如 360 浏览器的 Loady、维棠、FVDdownloader 等插件。

二、使用稞麦下载视频

我们以稞麦为例介绍如何下载一段网络视频。

1. 稞麦简介

稞麦综合视频站下载器（xmlbar）可从其官网 http://www.xmlbar.net 下载安装并使用，它支持许多热门视频网站上的视频资源下载。这是一个绿色小软件，免费，不含有任何第三方插件。

2. 下载步骤

Step1：下载并安装稞麦综合视频下载器 。

Step2：打开要下载的视频，并复制网址。

Step3：打开稞麦软件，将网址粘贴到地址栏，并选择视频保存的位置，如图 1-8 所示。

Step4：点击下载，在弹出的对话框中选择单独下载，并设置视频的清晰度。

Step5：在下载过程中，稞麦会将视频进行分段下载，在下载完成之后再自动合并成一个完整的视频。最后在输出文件夹中会包含下载好的 .mp4 视频以及一张视频截图。

注意：由于不同的软件支持下载的视频网站不同，因此我们在进行视频下载时，可以多尝试几种不同的软件，如果这些软件及插件都无法提供下载，还可以使用 EV 录屏等屏幕录制软件对视频片段进行截屏录制。

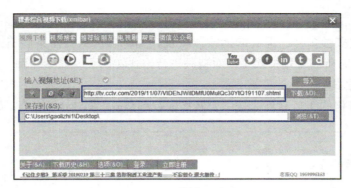

图 1-8　粘贴网址

下载后的视频在用于教学的时候务必注明视频来源地址，以免侵权。

三、使用格式工厂对视频做简单加工

对于视频的简单编辑与加工可以通过格式工厂来实现，包括视频格式转换、裁剪、去水印、快慢速调整、剪切与合成等，而对于片头片尾制作、抠像、加转场、特效、配音配乐等更为高级的编辑则需要使用剪辑师、爱剪辑、剪映、会声会影、Adobe Premiere、Edius 等视频编辑软件。

格式工厂软件是一款视频、音频、图片等文件进行格式转换的客户端，软件免费、易用。格式工厂支持几乎所有类型多媒体格式转换，转换过程中可以修复某些意外损坏的视频文件，多媒体文件可"减肥"或"增肥"，转换图片文件支持缩放、旋转、水印等功能。

格式工厂软件的界面大致分为：菜单栏、工具栏、状态栏、格式选择区和任务列表。菜单栏包括任务 / 皮肤 / 语言 / 帮助，工具栏包括选项的更改及任务的开始、停止、移除等操作，格式选择包括视频、音频、图片、文档、光驱设备等，如图 1-9 所示。

图 1-9　格式工厂界面

1. 视频格式转换

视频的格式多种多样，但有的播放器或视频编辑软件只支持某些格式视频的打开和编辑等操作，这时就需要用格式工厂对视频进行格式转换了。如本案例中将 .flv 格式的视频转换为 .mp4 格式。

Step1：打开格式工厂软件，选中要转换的视频格式，如 MP4 格式，如图 1-10 所示。

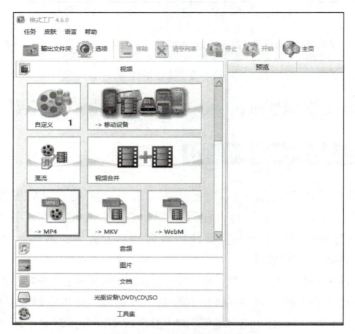

图 1-10　选择要转换的格式

Step2：添加 FLV 的源视频文件，并设置输出文件夹位置，单击确定，如图 1-11 所示。

图 1-11　添加文件

Step3：选中待转换的视频，单击开始，等待完成格式转换，如图 1-12 所示。

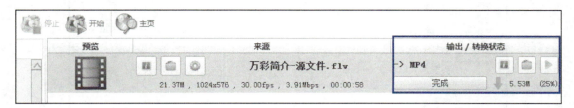

图 1-12　转换过程

Step4：转换完成后，在该页面能看到输出之后的视频格式为 .MP4，转换前源文件为
21.37M，转换后的文件比源文件小，只有 5.53M，文件"瘦身"了。完成后，可以在之
前设置的输出文件夹中找到转换后的视频，如果忘记设置的输出文件夹，可以单击输出 /
转换状态下的黄色文件夹，就是输出文件夹的位置。

2. 视频旋转

如果是手机拍摄的视频，在导入电脑之后经常是纵向竖屏呈现的，这时可以在格式
工厂中对视频进行左旋转或右旋转，使其水平转正。

Step1：打开格式工厂软件，选中要转换的文件和视频格式，如图 1-13 所示。

图 1-13　添加文件

Step2：添加需要旋转的源视频文件，并设置输出文件夹位置。在输出配置对话框的
高级设置中，选择旋转方向，设置完成后单击确定，如图 1-14 所示。

图 1-14　旋转设置

Step3：选中待转换的视频，单击开始，等待完成视频输出。

3. 去除视频水印

Step1：打开格式工厂软件，点击"视频"下的去水印，如图 1-15 所示。

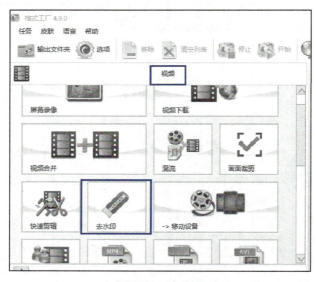

图 1-15　去水印

Step2：设置输出的视频格式，如 MP4 格式。

Step3：添加需要去除水印的源视频文件。

Step4：在剪辑对话框中的预览区中将红色线框移动到水印位置，也可调整红色线框的大小和位置，单击确定。

Step5：设置输出文件夹位置，单击确定。

Step6：选中待转换的视频，单击开始，等待视频输出。

4. 视频片段和画幅裁剪

Step1：打开格式工厂软件，选中要转换的视频格式，如 MP4 格式。

Step2：添加需要裁剪的源视频文件，并设置输出文件夹位置。

Step3：在剪辑对话框中，设置裁剪的起始位置和结束位置，单击确定。

以上方法可以将一段时长的视频截取出来，实现视频切分的功能。

除了可以对视频进行时长的裁剪，还可以进行画面尺寸的裁剪。在剪辑对话框中选择画面裁剪，设置红色线框的位置与大小，如图 1-16 所示，点击确定。

图 1-16 裁剪区域设置

Step4：选中待转换的视频，单击开始，等待视频输出，输出效果如图 1-17 所示。

图 1-17 画面裁剪前后对比图

5. 多个视频片段合并

Step1：打开格式工厂软件，选中"视频"中的视频合并。

Step2：添加两段及以上需要合并的视频文件，可以在合并视频对话框中对单个视频素材进行剪辑，也可以调整视频的顺序，设置输出视频的格式等，设置完成后单击确定，如图 1-18 所示。

图 1-18　合并视频

Step3：选中待转换的视频，单击开始，等待视频合并。合并后的视频是将源视频按照顺序依次连接在一起，大小比任一源视频都大。

第四节　回顾与练习

这一章我们主要是对各种基本素材的获取来源、下载、简单加工以及搜索技巧的学习。

在图片素材的获取中，我们介绍了很多图片素材网站，如千图网、千库网等，以及获取图片素材的三种方法，分别是直接登录网站下载、图片另存为和截图，并学习了图片加工软件图片工厂的简单应用。

对于声音素材的获取和加工，我们了解了声音素材，主要有录音、视频中提取音频、文字转语音、下载网络音频等四种获取方式，以及使用格式工厂对声音进行简单加工。

视频素材的获取部分，主要介绍了秭麦、视频下载王等通过视频网页链接的复制与粘贴下载视频的软件。在对视频素材的简单加工中，主要用到格式工厂软件，进行视频的格式转换、旋转、裁剪、合并以及去除水印等操作。

相信有了以上这些素材获取和加工的干货，您的备课效率一定会大大提升。

素材获取与加工常见问题及解决方法

您在素材获取和下载时是否遇到一些问题？下面的解决办法可供您参考：

Q1：360浏览器中没有截图工具？

A1：在浏览器的右上方查看菜单下，勾选插件栏选项，在插件栏中可以找到截图工具，如图1-19所示。

图1-19　360浏览器中的截图插件激活

Q2：使用视频下载王Apowersoft遇到不支持的网站怎么办？

A2：在弹出的侦测对话框中选择是，进行自动侦测，如果侦测成功直接开始下载，如果侦测失败，可以更换其他下载软件进行下载。

Q3：如何在格式工厂中查看视频转换前后的大小变化？

A3：转换完成后，在输出/转换状态下会有红色向上箭头或绿色向下箭头，绿色向下箭头表示转换后的素材比源素材的小，红色则相反。

Q4：添加完文件后没有出现转换的进度？

A4：在设置完成之后，需要在格式工厂主界面选择需要转换的素材，并点击开始，如图1-20所示。

图1-20　开始视频格式的转换

Q5：在格式工厂中忘记了设置输出文件夹怎么办？

A5：在输出/转换状态处，点击黄色文件夹可以打开输出文件夹位置，或者右击素材，选中打开输出文件夹，如图1-21所示。

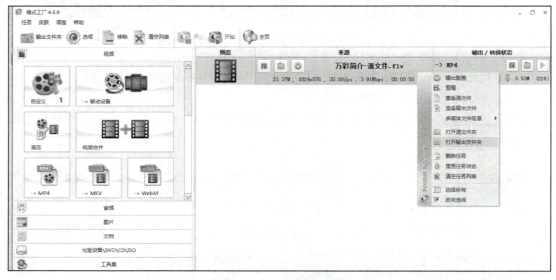

图 1-21　格式工厂的输出文件夹

练习提高

练习要求：

（1）从网上下载一幅和您本周教学主题相关的图片，用图片工厂模糊处理后，插入到讲义的首页作为封面。

（2）下载一段视频，将其声音和画面分离为两个文件，并将分离出来的画面视频文件的格式转为 .flv。提示：分离声音就选择 MP3 等音频文件的格式，分离纯视频就选择 MP4、FLV 等格式。

第二章

秒变 PPT 大师

　　制作演示型课件广泛使用的工具就是 Office PowerPoint 了，类似的制作工具还有 WPS PPT、101 教育 PPT 等，如果要实现动态移动的效果可以用 Focusky、Prezi，这里就不做介绍了。如果您平时所用的 PPT 课件是别人制作的，而自己仅仅简单进行修改，那么您只要有信心一步步跟着我们操作，在第一节的学习之后就可以制作出一个属于自己的完整课件了，我们一起开始学习吧！

第一节　如何快速制作一个完整的课件

一、微软 PowerPoint 2016 简介

　　Microsoft Office 是微软公司开发的一套基于 Windows 操作系统的办公软件套装，第一版发布于 1984 年，幻灯片演示文稿（PowerPoint）是其中一个软件，由它制作的演示文稿就是我们常说的 PPT 课件，这是目前被广泛应用的演示型课件开发工具，我们既可以独立安装于个人电脑使用它，也可以直接注册使用云端在线的 OFFICE 365 的 PPT 软件、腾讯文档等制作课件。

　　PPT 由多张幻灯片组成，幻灯片中可以包含文字、图片、图表、声音及视频等多媒体元素。微软的 PowerPoint 2016 在 PPT2013 的基础上进行了一定的改进，新增了屏幕录制功能，可以录制屏幕的操作为视频，非常适合操作类微课的制作，支持导出 1 080P 的高清视频。

　　接下来就让我们先从掌握基本的电脑快捷键开始，然后新建 PPT，对课件的封面页、目录页以及内容页一一设置，最后通过演示者视图进行展示吧。

二、常用快捷键

　　图 2-1 是电脑操作常用的快捷键，掌握它后，不必去点击软件的菜单栏就可以快速进行内容编辑和保存，提高我们制作课件的效率。

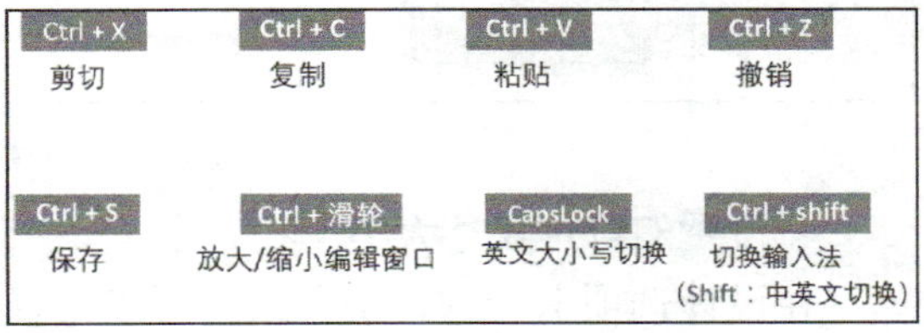

Ctrl + X	Ctrl + C	Ctrl + V	Ctrl + Z
剪切	复制	粘贴	撤销
Ctrl + S	Ctrl + 滑轮	CapsLock	Ctrl + shift
保存	放大/缩小编辑窗口	英文大小写切换	切换输入法（Shift：中英文切换）

图 2-1　常用的快捷键

三、新建与保存演示文稿

1. 新建联机模板

在新建联机模板中，我们可以先检索需要的目标主题类型，在对应主题下选择适合的目标样式，并创建模板，如图 2-2 所示。

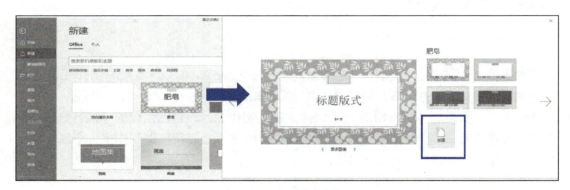

图 2-2　新建联机模板

2. 新建空白演示文稿

如果不想用联机模板，也可以直接新建空白演示文稿，在新建页选中后，按 Enter 回车键就可新建幻灯片。

3. 认识界面

PPT2016 操作界面主要包括快捷工具栏、菜单栏、工具栏、导航区、编辑区等，如图 2-3 所示。

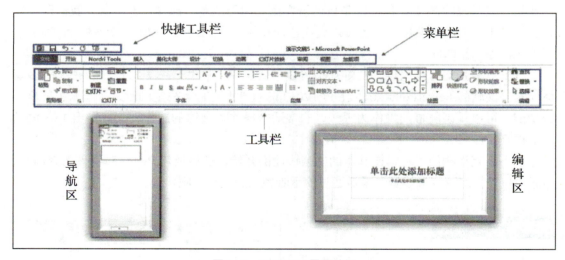

图 2-3　PPT2016 界面认识

4. 设置幻灯片尺寸大小

在设计选项卡中的自定义组，可以设置幻灯片大小，选择 16：9（宽屏）或 4：3，也可以通过自定义大小进行输入，一般的 PPT 演示建议选择 16：9。

5. 保存演示文稿

在文件中的保存 / 另存为选项中，进行浏览（选择保存路径），并对文档进行命名，点击保存。

注意：

- 默认保存类型为 PowerPoint 演示文稿，后缀名为 .pptx，可以通过 Office 2007 以上的 PowerPoint 软件编辑制作和打开，pptx 可以兼容更多的图形、渐变、动画效果。
- 后缀名为 .pptx 的文件在 2007 版本以下（不含本身）的 Office PowerPoint 中无法打开。
- 保存类型为 PowerPoint 97–2003 演示文稿，其后缀名为 .ppt。
- 设置自动保存：为防止 PPT 卡顿或不正常关闭，可设置保存自动保存信息时间间隔。
- 文件保存快捷键：Ctrl+S。

四、封面制作

1. 更换设计主题

一张幻灯片，如果只是白色背景，就太普通了，为了增加设计感，PPT2016 提供了很多设计主题，直接选用就可以。在"设计"选项卡中，可以先预览主题样式，再选择适合的 PPT 的主题替换当前主题，如图 2-4 所示。

图 2-4　PPT 主题的设置

2. 设置封面标题

输入封面标题和副标题——调整字体及其大小（通常不小于 32 号），封面中通常要有三个文本元素：课件的标题、主讲人单位、主讲人姓名，如图 2-5 所示。

图 2-5　PPT 课件封面信息页

3. 填充标题文本框

步骤：选中文本框——右键设置形状格式——形状填充——纯色填充——颜色——取色器——单击吸取背景颜色——调节透明度，如图 2-6 所示。

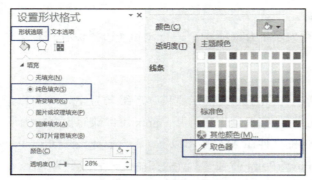

图 2-6　标题文本框填充

此方法通常用来给文字与背景之间加一层半透明的玻璃纸，以更加凸显文字内容。

五、目录制作与美化

1. 新增幻灯片

方法一：导航区选中一张幻灯片单击鼠标左键——按键盘上回车键即可在其后添加新的幻灯片。

方法二："开始"菜单——新建幻灯片。

2. 设置目录内容页背景格式

在幻灯片编辑区，单击右键，设置背景格式（或者在设计选项卡中的自定义组中设置背景格式），背景格式的填充可以为纯色、渐变色、图片或纹理以及图案。如果只给单一幻灯片进行背景填充，设置好参数后直接关闭窗口即可；如果给所有幻灯片都设置同样的背景样式，则在设置好参数后，点击下方的全部应用，再关闭窗口。

注意：背景图片要和主题内容相符；背景元素不宜过多；背景图片宜做模糊处理。

- 纯色填充：如图 2-7 所示，勾选纯色填充，选择一种颜色即可，在颜色设置上可以使用主题颜色、标准色，可以在其他颜色中输入某一颜色的 RGB 值，也可以使用取色器，选取与 PPT 风格相符的颜色。

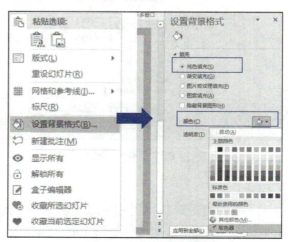

图 2-7　纯色背景填充设置

- 图片填充：勾选图片或纹理填充，点击插入，选择图片所在位置，插入图片；如果设置纹理填充，则点击纹理右侧的下拉三角，选择纹理类型。

3. 编辑目录

步骤：插入文本框——输入目录——设置字体属性（字体、字号、加粗、颜色、下划线、斜体等），如图 2-8、图 2-9 所示。

图 2-8 字体属性设置

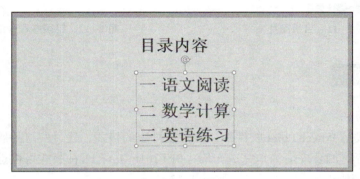

图 2-9 目录文字输入

4. 目录美化

目录的美化可以利用 PPT 自带的 SmartArt 图形来完成，也可以从素材网站找到适合的目录图片在其上添加文本框来实现。两种方式都能帮您做出一个好看的目录。

（1）SmartArt 图形。

选中目录文本，在"开始"选项卡中的段落组，点击转换为 SmartArt 图形 ，选择适当的样式。在 SmartArt 工具的设计和格式选项卡中，可以对图形进行调整，如图 2-10 所示。

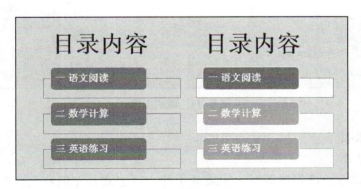

图 2-10 SmartArt 图形及调整颜色前后对比图

（2）目录图片。

登录素材网站（如千库网）——搜索关键词"目录"——选择 PNG 透明底色的目录下

载——插入目录图片到幻灯片——插入文本框（将目录文字一一键入），如图 2-11 所示。

5. 各级标题序号格式

各级标题序号后的标点符号不同，顿号和圆点是不同的，如图 2-12 所示。

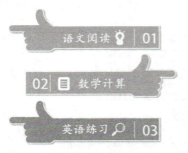

图 2-11　目录图片

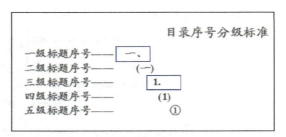

图 2-12　目录序号分级标准

六、内容页制作

1. 版式应用

幻灯片版式是 Power Point 软件中一种常规排版的格式，通过幻灯片版式的应用可以让文字、图片等更加合理简洁地完成布局，PPT2016 中有 11 种版式可供选择。在编辑区的页面空白处右键单击，选择版式，如图 2-13 所示。

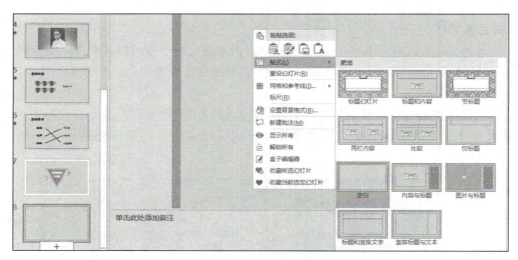

图 2-13　版式应用

2. 编辑与排版

（1）图文结合。

在对文本和图片进行排版时，比较常用的一种方式是左图右文或左文右图。对图片可以设置一些图片样式，对文字可以借助项目符号将长段落文字进行分割，尽量避免出现大段文字。如果文字较多，可以通过变换文字的颜色、大小、样式等对文字词语进行重点标识，如图 2-14 所示。如何让 PPT 的图文排版更具艺术感，您可以关注"秋叶

PPT"微信公众号继续修炼。

图 2-14　左图右文排版

（2）居中排版。

填充文本框，突出主题内容，居中排版，如图 2-15 所示。

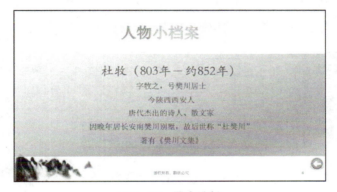

图 2-15　居中排版

选中文本框——右键设置形状格式——填充——渐变填充——调整渐变类型、颜色，如图 2-16 所示。

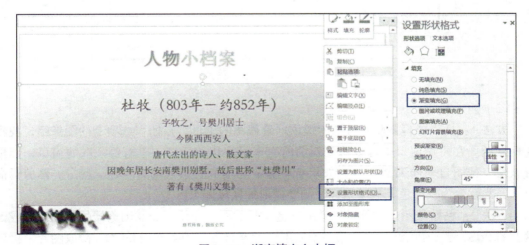

图 2-16　渐变填充文本框

3. 格式刷

选中所需格式的文字——单击"开始"下的"格式刷"工具——拖动格式刷到被应用文字，可实现文字格式的快速复制。如需多次复制格式，需双击格式刷，如图 2-17 所示。

图 2-17　格式刷

4. 插入图片

（1）插入联机图片。

在 PPT2013 和 PPT2016 中，加入了联机图片功能，相当于一个在线图片搜索器。在电脑联网情况下，在"插入"菜单的图像组中，点击"联机图片"，可以检索想要的图片素材，比如花边，单击插入即可，如图 2-18 所示。

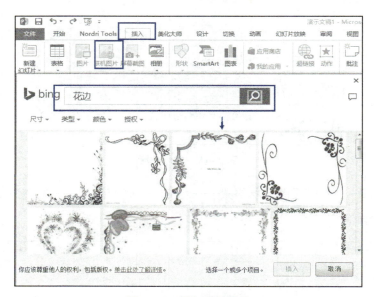

图 2-18　插入联机图片

（2）插入截图。

方法 1：插入屏幕截图：PPT 中提供屏幕截图的工具。在插入选项卡的图像组，找到屏幕截图。在可用窗口中可以看到当前所有未最小化的窗口，单击要截取的窗口，即可将该窗口截图自动插到 PPT 中；如果希望截取屏幕中任意区域的内容，点击屏幕剪辑命令，屏幕就变为灰白色，拖动鼠标绘制要截取的区域即可。

方法 2：粘贴截图：你可以先借助其他工具截图，如使用 360 浏览器的截图工具或键盘上的 PrtSc 键（在前面第一章第一节获取图片素材方法中有详细介绍），截取图片，再到

PPT 当前幻灯片中粘贴图片，如图 2-19 所示。

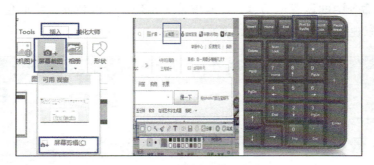

图 2-19　两种插入截图方法

5. 图片美化

（1）裁剪。

选中图片，在"图片工具"的"格式"选项卡的大小组中，找到裁剪命令。可以直接进行裁剪，也可以通过设置图片的高度和宽度进行裁剪。点击裁剪，在所选图片周围会出现黑色边框，拖动这些黑色边框，可以对图片进行裁剪，被裁减区域为灰色显示，调整好大小之后，点击回车完成操作（或者在图片以外的空白处单击），如图 2-20、图 2-21 所示。

图 2-20　裁剪工具

图 2-21　裁剪操作图

（2）图片背景变透明（抠图）。

当我们插入的图片背景为单一色，且背景与主体内容色彩不相似时，可以通过删除背景或颜色透明来将图片背景透明化。

注意：要去除的背景色一定是纯色，才可以使用以下两种方法。

方法 1：删除图片背景。选中图片，在图片工具格式选项中最左侧有删除背景按钮，单击删除背景，此时计算机将背景自动识别为紫色，在主体周围呈现白色虚线框，如果背景识别不准确，我们可以调整白色控点或优化组中的命令对要删除区域进行微调，设置完成后，单击保留更改（或单击图片外空白处），即可得到背景透明的图片，如图 2-22 所示。

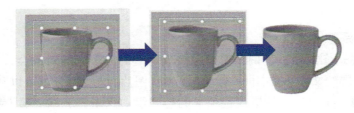

图 2-22　删除背景图

方法 2：设置颜色透明。选中图片，在"图片工具"的"格式"选项卡中的调整组中，单击颜色命令中的设置透明色，此时屏幕中出现一个取色器，将取色器在背景色上单击即可将背景色透明化，如图 2-23 所示。

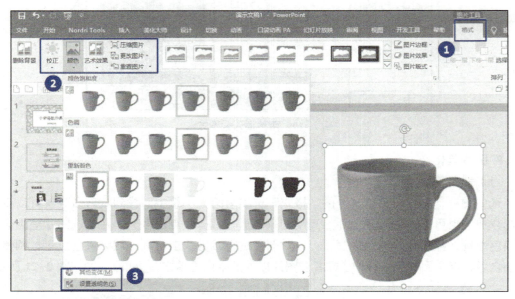

图 2-23　颜色透明设置

（3）图片样式设置。

选中图片，在图片工具格式选项卡中的图片样式组，可以为图片设置适当的图片样式、图片边框形状以及图片效果，如图 2-24 所示。

映像圆角矩形　　　　　　　柔化边缘　　　　　　　外部阴影

图 2-24　图片样式效果图

（4）图层关系。

如图 2-25 左边图所示，当两个对象重叠到一起时，上层的对象会遮挡下层的对象，如果我们想让下层的文字（文本框）移动到人物（图片）上方时，就可以利用 PPT 的图层功能。选中人物，在图片工具格式选项卡的排列组中点击"下移一层（置于底层）"，就可以得到图 2-25 右边图的效果，或者选中文字，在图片工具格式选项卡的排列组中点击"上移一层（置于顶层）"，也可以直接选中图片或文本框，单击右键弹出菜单，选择"置于顶层"或"置于顶层"，调整对象的叠放层次，如图 2-26 所示。

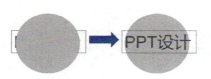

图 2-25　图层调整对比图

图 2-26　图层调整设置图

6. 插入视音频

（1）插入视频。

在插入选项卡下的媒体组，点击视频，可以输入网址插入联机视频进行调用，也可以插入 PC 上已经下载的视频作为 PPT 的一部分（PPT 课件容量保存时变大），如图 2-27 所示。插入视频之后，在视频工具的格式选项中调整视频外观样式，在播放选项下设置视频的属性，调整视频画面的大小和位置，也可裁剪视频，如图 2-28 所示。

图 2-27　插入视频素材

图 2-28　视频播放选项设置

（2）插入音频。

插入音频的方法与视频类似，可插入 PC 上已下载的音频或者现场录制的音频。插入音频后，编辑页面会出现一个小喇叭的图标，点击进度条可以试听效果。对音频的设置同样是在音频工具播放选项卡中，可对音频进行裁剪、设置淡入淡出时间、设置播放方式等。此种方式可为课件加一个从头到尾播放的背景音乐，如图 2-29、图 2-30 所示。

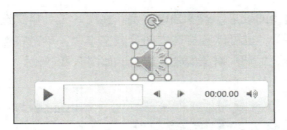

图 2-29　插入音频图

图 2-30　音频播放选项设置

7. 动画设置

（1）添加动画。

选中需要添加动画的对象，单击动画选项卡，选择动画类型，设置效果选项。

PPT2016 为我们提供了丰富的动画效果，主要分为进入动画、强调动画、退出动画和动作路径四种动画类型，如图 2-31 所示，也可以设置无动画效果。

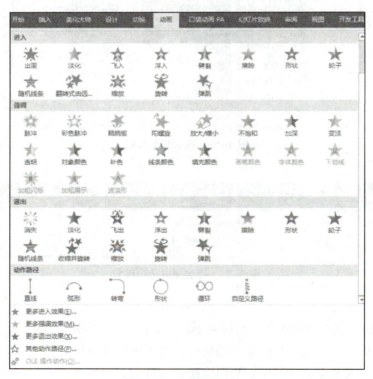

图 2-31　动画类型图

- 进入动画。进入动画是使用最多的动画形式，是对象从无到有的变化过程，即幻灯片中的文本、图片等多媒体素材出现到幻灯片上的动画效果。进入动画中包括"出现""飞入""弹跳"等几十种动画效果。
- 强调动画。在幻灯片的放映过程中，为引起观众的注意，给对象设置的强调突出效果。如改变颜色、"放大缩小"及"闪现"等效果。
- 退出动画。与进入动画相反，是展示对象从有到无的消失过程。对象在没有触发动画之前，是在屏幕上显示的，而当其被触发后，则从屏幕上以某种设定的效果消失。如"收缩""淡出"等效果。
- 动作路径。指让幻灯片上的对象沿着绘制好的路径运动的一种动画类型。我们可以让对象按已有的路径移动，也可以为对象设置自定义路径。

　　每种动画类型的种类都非常丰富，如果列表中没有合适的动画效果，我们可以在列表下方查看"更多进入效果""更多强调效果""更多退出效果"和"其他动作路径"按钮查看全部动画的种类。

　　例如，图 2-32 显示的英语练习页中，需要设置连线题目，则先选中一条线段，添加擦除动画，在效果选项中设置擦除动画的方向"自左侧"，如图 2-32 所示。这样教师演示的时候可先出示问题，学生思考回答后，再点击鼠标，用动画呈现答案，加强学生对学习内容的记忆。

　　注意：不同的动画效果，其效果选项的设置是不同的。

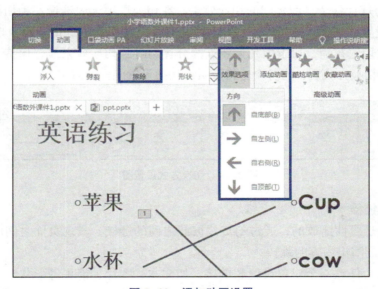

图 2-32　添加动画设置

（2）设置动画属性。

　　点击高级动画组中的动画窗格，如图 2-33 所示，在右侧"动画窗格"中，可对动画属性进行设置，如调整当前对象动画的触发方式和持续时间、更改动画效果及不同对象之间出现动画的顺序等，也可删除动画效果。

图 2-33　动画窗格中动画属性设置

（3）动画刷。

可实现对单个对象动画的快速复制（选中动画对象——单击或双击动画刷——刷其他对象）。

8. 添加切换效果

为了让演示文稿看起来更连续、更流畅，从而增强作品的美感，我们可以为制作好的 PPT 设置幻灯片各个页面之间的切换效果。在切换选项卡中选择一种切换方式，进行效果选项的设置，如图 2-34 所示。在计时组中可以对切换方式的声音、时间等进行设置，切换方式切记花哨，目录中几大要点的分述幻灯片切换效果最好保持一致，因此可以在选定一种切换方式后，为各个分目录页的切换设置同样的效果。

图 2-34　切换方式设置图

9. 添加超链接

PPT 一般是线性播放的，通过幻灯片彼此之间的链接，实现页面之间的跳转，使演讲者更好地控制演讲内容的跳转。

我们可以为任意一个对象设置超链接，如文本、图片、箭头等形状，一般链接到网页或者本文档中的某一页幻灯片（常见的是目录与内容分页面之间的双向跳转）。

注意：

- 超链接特别是页面之间的超链接，最好是在课件内容都编辑完成，不再进行幻灯片顺序移动之后再设置。
- 给文本添加超链接的时候，如果选中文本添加，文本的颜色会发生变化，不太美观；若选中文本框添加，则添加成功后文字无明显变化。

（1）链接到网页。

选中一个对象（如文本框或图片），右击超链接，在插入超链接对话框中选择网页，在下方地址栏输入要链接的网址，单击确定，即插入完成，如图 2-35 所示，通过对语文内容页的朱自清图片设置超链接，让其跳转到更为详细的朱自清介绍网页。

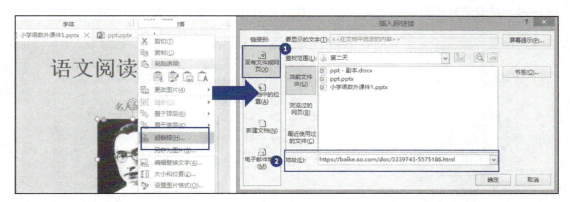

图 2-35 链接到网页的超链接设置

在编辑区，将鼠标放在该图片上，鼠标右下方显示链接网址，则证明超链接添加成功，按住 Ctrl，同时单击图片就可以访问超链接。在幻灯片放映状态下，将鼠标轻轻放在朱自清图片上，这时会出现小手的形状，显示链接网址，此时直接单击图片就跳转到链接的页面中。

需要注意的是：如需对文字设置超链接，可选中文字所在文本框来设置。尽量不要直接选中文字去设置超链接，否则文字会出现下划线并变成蓝色字体，不美观。

（2）页面间的链接。

为了实现页面之间的交互，可以为页面之间设置超链接，比较常见的是在目录页和内容页之间设置相互跳转的超链接。

选中目录页中的一个对象，右击设置超链接，在插入超链接对话框中选择本文档中的位置，在对话框右侧对本文档中的幻灯片进行预览，确认无误后，单击确定。如本文档中选中目录页中的语文阅读文本框，将其链接到幻灯片标题 3 语文阅读页，如图 2-36 所示。

图 2-36 目录页到内容页的链接

　　同样，我们可以在内容页选择一个对象或者插入一个返回的小图标，通过它链接到目录页，实现内容页和目录页之间的双向跳转。如本案例中先在语文阅读页右下角插入一个形状"左箭头"，如图 2-37 所示，再为它设置返回到目录页的超链接，如图 2-38 所示，设置好之后，在幻灯片放映模式下，将鼠标放在箭头上面，就会显示链接的页面。该图形一旦设置好后可以通过复制、粘贴使用在其他需要返回目录页的内容页中。

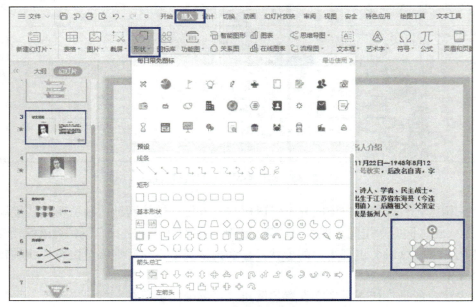

图 2-37　插入返回箭头形状

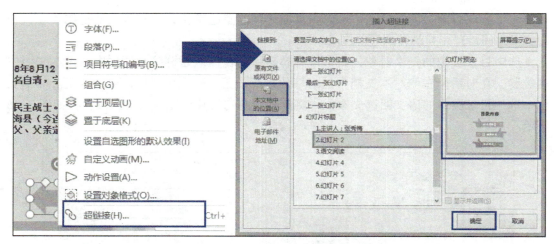

图 2-38　为箭头设置返回目录页的超链接

　　（3）修改或删除链接。

　　在超链接设置成功之后，右击设置超链接的对象，则可以对超链接进行编辑、打开、复制及删除，如图 2-39 所示。

以上就基本完成课件内容的制作了，您可以按下键盘的 F5 从第一页放映，一张张浏览演示效果，按下快捷键【Shift+F5】则从当前鼠标所在页开始浏览效果。

七、演示者视图

演示者视图，让演讲再也不怕忘词。演示者视图在一个显示器上放映全屏幻灯片，观众只能看到全屏的幻灯片。而在演示者电脑上既能够看到和控制幻灯片，又能够同时看到提示词（备注）。

图 2-39　超链接的编辑与删除设置

在"幻灯片放映"选项卡下，勾选"使用演示者视图"，同时按住键盘上【Alt+F5】进行放映，如图 2-40 所示。

图 2-40　使用演示者视图界面

1. 演讲者视图细节设置

（1）计时器——计时器位于屏幕左上角，从使用演示者视图开始计时，直到暂停或结束幻灯片放映。

（2）时钟——时钟位于屏幕右上方。它显示系统的当前时间。

（3）当前幻灯片——屏幕中最大的幻灯片是演示者当前正在向观众展示的幻灯片。

（4）下一张幻灯片——在当前幻灯片的右侧。这张幻灯片只有演示者可以看到，观众看不到。

（5）讲义备注——显示当前幻灯片页面所添加的讲义备注，只有演示者可以看到。

（6）编辑工具——编辑工具中包含笔和激光笔工具、可查看所有幻灯片、放大幻灯片等工具。

在查看所有幻灯片中，我们可以看到所有幻灯片的缩略图，如图 2-41、图 2-42 所示。

图 2-41　演示者视图界面

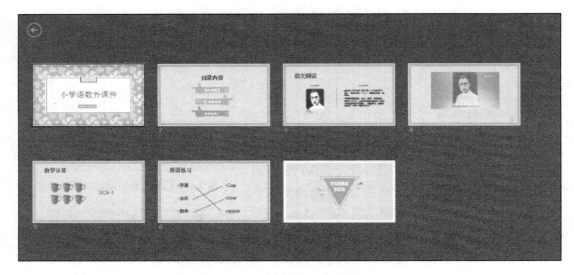

图 2-42　查看所有幻灯片界面

2. 添加备注

给每张幻灯片的"备注"里编辑文字，作为提示词或讲义。在每一页幻灯片底部，单击备注，即可在下方"单击此处添加备注"区添加讲义备注。添加完成后，再次单击备注，收起备注内容，如图 2-43 所示。

图 2-43　添加备注

3. 连接并拓展到第二台显示器

在电脑的显示输出接口上连接好第二台显示器，并接通它的电源。将电脑显示扩展到第二台显示器上，模拟面向观众的投影屏幕（我们在自己电脑上练习使用演讲者视图时，可以省略这一步）。

以上就是如何快速生成一个结构清晰、内容完整的课件的方法，快按下 Alt+F5 一睹为快吧！

第二节 从课件到微视频：一步之遥

有时候我们需要将课件内容与教师的讲解同步合成一个可以让学生自学的微视频，那么就要用到 PPT 转化为视频的功能了。

一、排练计时

在工作中，经常需要借助 PPT 进行演讲，如果一边演讲一边切换 PPT 可能会分散注意力，扰乱思路，如果对 PPT 设置自动翻页，保证放映的速度与演讲的速度一致，就能让我们的演讲更流畅并能控制好节奏，在规定的时限内演讲完毕。俗话说"台上一分钟，台下十年功"，我们可以在演讲之前借助 PPT 的排练计时功能反复练习，就可以达到讲解与 PPT 画面同步的效果。

在幻灯片放映选项卡中，有排练计时选项。当我们点击排练计时后，PPT 就会自动进入全屏放映模式，同时左上角出现计时栏开始计时。计时栏中包含两个计时器，左边的计时器是对当前页面进行计时，切换到下一页幻灯片时，又从零开始计时；右边则是显示在排练时，放映整个 PPT 所用的时长。

在对幻灯片进行排练计时操作时，需要按照正常速度授课播放，可以从第一张幻灯片开始放映，也可以从其中的某张幻灯片开始，在录制完成后点击 ESC 键退出排练计时，此时会弹出一个对话框，显示经过排练计时的幻灯片的总耗时，并询问是否保留幻灯片计时，如图 2-44 所示。

图 2-44 计时结束对话框

如果点击"是"，在视图选项卡下的幻灯片浏览视图中，可以在进行计时排练的幻灯片右下角看到小喇叭和时间。小喇叭是指在录制过程中记录的系统音频（比如电脑播放的音乐等），而录不到我们外界的讲解音；时间是该页面的停留时间，PPT 会记录这次所设置的每页 PPT 停留的时间及总耗时，如图 2-45 所示，下一次播放幻灯片时，PPT 就会按照设置实现自动翻页，而不用鼠标操作。如果设置好之后，想删除计时，则点击幻灯片放映选项卡，"录制幻灯片演示"中的"清除"，清除当前或所有幻灯片的计时之后，在幻灯片浏览视图中，幻灯片右下角的时间消失，下次不会自动播放，如图 2-46 所示。

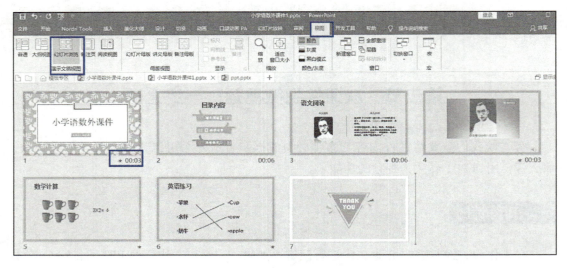

图 2-45　幻灯片浏览图

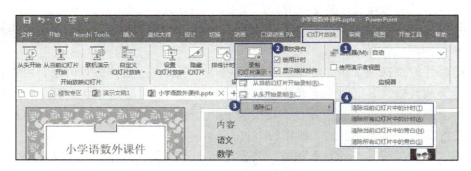

图 2-46　清除计时图

在使用排练计时进行练习时，建议点击"否"。在反复演练之后，对于每一个节点的时间把握几乎没有误差的话，再点击"是"，保存排练计时，这样在演讲时，演讲的内容跟 PPT 自动放映的速度是一致的，无须手动进行 PPT 切换。这样的效果固然好，但对演讲者要求也非常高，必须做到演讲的速度和自动放映的速度完全一致，否则就会导致音画不同步，影响演讲效果。

二、录制幻灯片演示和讲解音

相比较于排练计时，录制幻灯片演示功能除了能对 PPT 进行自动放映，还能录制外部的讲解声音，并将我们的讲解声音分别插到每一页 PPT 中，将录制的幻灯片演示生成视频后可以作为简易的微课使用，这样当我们把录制好的视频发送给学生时，学生既能看到 PPT 的内容，也能同步听到我们对于内容的讲解，学习的效果更佳。

在完成内容设置后，切换到幻灯片放映选项卡中，在"设置组"中，点击排练计时旁白的录制幻灯片演示 的下三角按钮，在弹出的下拉列表中，选择从头开始录制或者从当前幻灯片开始录制后，弹出录制幻灯片演示对话框，勾选其中的幻灯片和动画计时和旁白、墨迹和激光笔后，点击开始录制按钮，如图 2-47 所示。

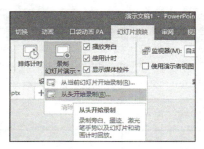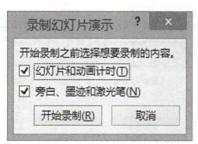

图 2-47　录制幻灯片演示操作图

开始录制后，与排练计时类似，在屏幕左上角中会出现一个红色的计时栏，包括两个计时器，左边显示当页 PPT 的停留时间，右边显示总耗时。左下角则有激光笔等工具可以配合使用，在录制过程中可以边录制边讲解，还可以配合激光笔、荧光笔的操作。

完成录制，如果点击保存，在幻灯片界面即添加了一个音频的小图标。在幻灯片浏览模式下，跟排练计时操作一样，每一张幻灯片右下角都有一个对应的时间和小喇叭，如图 2-48 所示。时间同样是这张幻灯片的自动播放持续时间，而小喇叭功能是不同的，小喇叭指在录制过程中记录的系统音频及讲解音。录制过程中，笔的操作也会记录下来。

同样的，如果设置好之后，想删除计时和旁白，则在"幻灯片放映"选项卡的设置组中，点击录制幻灯片演示中的清除页面的计时及旁白，清除计时及旁白之后，在幻灯片浏览视图中，幻灯片右下角的时间及小喇叭消失，下次不会自动播放（操作参考排练计时中的清除计时）。

图 2-48　录制结束后的幻灯片浏览视图

三、导出视频

Office PPT 的功能着实强大，不仅可以制作课件，还可以将 PPT 课件导出为视频。

打开要导出的 PPT，在 2016 版 PPT 中，依次点击文件——导出——创建视频（在低版本的 PPT 中，依次点击文件——保存并发送——创建视频），如图 2-49 所示。在右侧设置参数，对视频清晰度的设置，分为全高清 1 080P、高清 720P 和标准 480P，还可以设置是否使用录制的计时和旁白以及放映时每张幻灯片停留的时长，最后单击创建视频，选择视频保存的位置，等待视频导出完成即可，如图 2-49 所示。

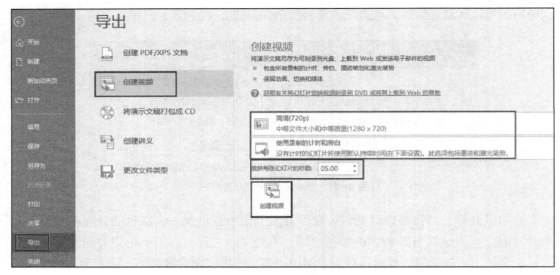

图 2-49　导出视频步骤

注意：如果不使用录制的计时和旁白，则所有幻灯片都使用下面设置的默认持续时间。如设置放映每张幻灯片的秒数为 5，则在放映时每一张幻灯片都停留 5 秒，就自动切换到下一页。如果使用录制的计时和旁白（前提是在幻灯片放映中使用了排练计时或录制幻灯片演示），则有计时的页面使用实际的录制时间，且包含录制的旁白，没有设置计时的页面使用默认持续时间。

第三节　回顾与练习

演示型课件的制作软件有很多种，本章我们主要介绍了 Office PowerPoint 2016。

利用 PPT2016 快速制作课件，首先，要规划课件的基本结构，包括封面页、目录页、内容页及结束页，接下来要做的就是分步搞定它们。封面页是 PPT 的门面，因此必须要有 PPT 课件的基本信息，包括课件标题及制作者信息；目录页的设计，可以借助Smart 图形及素材网站进行美化；内容页的制作，素材丰富是关键，我们可以在内容页插入文本、图片、视频、音频等各种多媒体素材，可以为素材设置丰富的动画效果，为实现页面间的交互可以设置超链接，打破线性思维，但是在内容页一定要注意的是素材的排版，好的排版让 PPT 课件更高大上。在课件制作完成后，我们还可以借助 PPT2016的录制功能，将 PPT 课件导出成微视频，还可以配上自己的讲解，真是一个懒人神器！

简单的 PPT 容易做，但 PPT 课件的美化以及制作效率是实际备课中我们更为关心的问题。我们推荐两款插件消除您的顾虑。Nordri Tools 帮你一键批量操作，包括字体统一、段落行距统一，对齐操作等；"美化大师"则为你准备海量的素材库，图片、图标、模板应有尽有，保证不会让你审美疲劳。除此之外，这两个插件都为我们提供了强大的导出功能，可对导出的图片和视频进行属性设置，弥补 PPT 自身的缺憾，还支持导出长图，一键分享。如此一来，是不是觉得做出一个美观专业的 PPT 也是分分钟的事了呢？类似的 PPT 插件还有 One Key 和 iSlide，您都可以自行安装，安装后它们会作为一个选项卡出现在 PPT 窗口的菜单栏里，可以点击各种功能来扩大 PPT 的原有功能。

常见问题解决方法

实际操作中您一定会遇到很多问题，比如播放时显示比例不对或尺寸设置不佳导致不能全屏播放或有黑边；投屏的时候不能正常投影出来；想看备注无法演示出来；等等。这里我们整理了 QA 问题集供您参考。

Q1：在自己电脑上能正常演示，到上课时播放比例不能显示完全？

A1：在 PPT 的设计选项卡的自定义组中的幻灯片大小处设置，如图 2-50 所示。

图 2-50　幻灯片大小设置

Q2：投屏不能显示？

A2：通过快捷键 Windows+P 实现。

Step1：通过连接线将电脑和投影仪进行连接。

Step2：同时按键盘上的 Windows 键 ⊞ 和字母 P 键，电脑右侧出现投影的四个选项，分别是"仅电脑屏幕""复制""扩展"及"仅第二屏幕"，选择"仅第二屏幕"选项，开启投影仪，开始投影即可，如图 2-51 所示。

Q3：想把演讲词投在自己的电脑屏幕上，而在 PPT 放映时不让观众看到，怎么办？

A3："演讲者视图"功能可轻松帮您解决此困惑，您只需按照第一节的操作指引即可看到您的备注内容，照讲不误了（详见本章第一节演讲者视图部分的内容）。

Q4：分享时我想增加水印怎么办？

A4：可以通过 Nordri Tools 插件和母版两种方式添加水印。

方法一：Nordri Tools 插件的增删水印功能。

方法二：编辑 PPT 母版，以下是详细步骤。

图 2-51　投屏显示图

Step1：在视图选项卡下母版视图组中点击幻灯片母版，进入母版编辑界面，如图 2-52 所示。

图 2-52　母版编辑界面

Step2：在母版编辑界面，选中第一张母版，通过插入选项卡来插入"文本"，调整文字大小，对角线放置在页面上。如本案例中添加文字水印为"张三所有　仅供交流"，如图 2-53 所示。

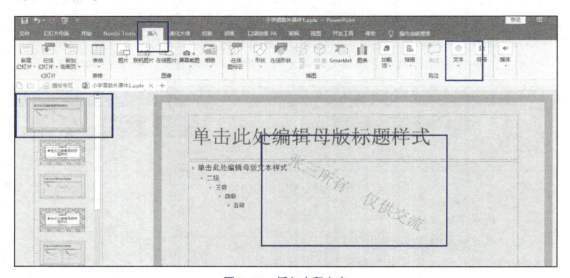

图 2-53　插入水印文字

Step3：切换到幻灯片母版选项卡，点击关闭母版视图，如图 2-54 所示。

图 2-54　关闭母版视图

Step4：在每个幻灯片页面可以查看水印效果。

Step5：删除水印：如果要删除水印，则在视图选项卡中点击幻灯片母版，进入母版编辑界面，将添加的水印内容删除即可。

Q5：想加背景音乐怎么做？

A5：通过插入音乐设置来完成。

Step1：选中要添加背景音乐的幻灯片，在插入选项卡下的媒体组中找到音频，点击PC上的音频，找到要插入的背景音乐文件。

　　Step2：在添加音乐的页面中点击小喇叭图标，点击音频工具播放选项卡进行背景音乐的设置。

练习提高

　　练习要求：

　　（1）选取一个教学内容，利用 PPT2016 制作五张幻灯片，包括标题页、目录页、内容页以及结束页；

　　（2）目录页与内容页之间设置超链接，内容页要图文结合；

　　（3）在 PPT 中插入与内容相关的视频和音频；

　　（4）对文本和图片设置动画；

　　（5）将 PPT 制作的课件导出成 .mp4 的视频，视频大小不超过 150M。

第三章

基于 PPT 的微课制作

PPT，比起传统的板书，它可以反复使用，增强内容呈现效果。制作 PPT 几乎是每一位老师从业的必修课。许多学校都由备课组一起来打磨同一个 PPT，科组内进行共享。用到的工具也有很多种，比如微软的 PPT，WPS 的 PPT、类似 PPT 但效果更动态、更酷炫的 FOCUSKY 软件，以及嵌入丰富学科课件资源的 101 教育 PPT，等等，各有奇招。但如何做得既有内容又有颜值，既能够突出课堂重难点内容，又能够直观呈现抽象的教学内容；既能够按照一定的逻辑顺序编排，又能够有一定动态效果，就要多花一些功夫精进了。特别是当教师需要制作典型课例片断时，PPT 课件就是必不可少的内容基础，通过直接输出视频，或者加上配音，同步录屏，就可以直接输出一个简单的微课视频与同行、学生分享了。这一章我们就从微课的总体设计思路开始学习，以 PPT 为基础，制作简单的微课视频，并掌握一定的观摩学习微课的方法来逐步提升个人的制作水平。我们一起来学习吧！

第一节　微课的总体设计思路

一、系统构思

作为一个短小精悍的课件，微课一般时长只有 3～5 分钟，以讲解某一个知识点为目标，让学习者快速掌握教学内容。微课已成为目前在线课程的必要组成部分了，也用于翻转课堂等教学模式中。

微课制作是一个大的工程，一般要有几个人团结协作一起共同完成。团队成员的分工各有不同，摄、录、编、导、讲各环节都需要仔细打磨，总负责人堪比导演和总设计师，对每一个环节都要熟悉和了解，才能保证最终的作品是优质的。

对于这么大的工程，该怎样有序组织制作一个微课呢？简单地说分三步：设计、制作、发布。具体点则包括七个环节：选题、系统构思、素材准备、撰写脚本、制作、编辑合成、发布分享等，其流程如图 3-1 所示。

选择微课要呈现的知识要点，分析课程标准、教学大纲所要求教授内容对应的教学目标类型以及核心素养要点，选择恰当的授课方式或方法，设定一个拍摄环境，这是制作微课之前需要先考虑清楚的。如图 3-2 所示，目标类型、授课方式和授课环境是需要通盘考虑的，三者之间有一定的横向对应关系。知识要点有很多类型，包括重点、难点、疑点、考点、热点等。例如，对于某学科的重点内容，如果是认知型的教学目标，比较适宜的方法是讲述深描，适合的拍摄环境或授课环境有录播室（或演播室）、课堂、家里或在线直播录制；操作型的教学目标，适用示范演示的授课方式，适宜的拍摄环境有实验室、录屏或录播室（演播室）等；原理型的教学目标适合使用图解／图示推理的授课方式，可以使用电子白板、手写板或直接白纸演示即可；如果是情感态度类的教学目标，适宜采用情景案例的授课方式，适合到录播室／演播室、户外或采用模拟动画来呈现。

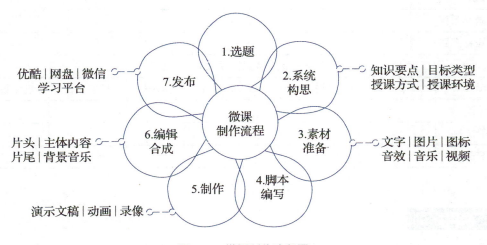

图 3-1　微课制作流程图

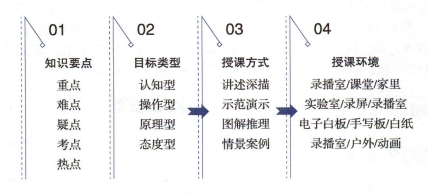

图 3-2　微课总体设计框架

二、撰写脚本

我们在开始做微课时，要先拟好制作脚本，对教学内容、教学方法以及用到的素材进行总体设计，之后再去收集素材，最后使用会声会影等视频编辑软件以及前面学过的各种素材加工软件来编辑合成一个微视频就可以了。那么脚本怎么写呢？这里提供一个模板供您参考，如表 3-1 所示。在"教学资源"部分要预先明白呈现具体教学内容对应的媒体形式是哪些，画面部分要说明镜头景别的类型，以及是学生还是教师为主，教学设备主要指课堂师生用到的教学用具、设备、终端等。

表 3-1　微课设计脚本的样例

微课设计脚本的样例						
课程名称		制作时间			教材版本	
制作人		学校单位				
知识点描述						
教学目标						
设计思路						
教学过程及微课视频分镜头脚本						
教学环节	教学资源	解说词	画面	教学手法	教学时长	教学设备
环节 1						
环节 2						
环节 n						

三、编辑序列

1. 片头和封面

好的片头能引起观众对微课内容的兴趣，使学生达到更好的学习效果和体验。微课片头时长一般是 15 ～ 30 秒，主要包括两个片段的信息，第一个封面信息，含有标题、演讲人、演讲人单位的片段，之后紧跟的是第二个片头说明信息片段，即说明该微课视频适用的教学对象、学科、教材版本等，如图 3-3、图 3-4 所示。

图 3-3　片头说明信息

图 3-4　封面信息

片头的视音频效果既要贴合教学内容，又要简洁明丽，引人入胜，能使学生迅速进入学习的气氛。

封面和目录是微课的两个重要组成部分，我们一般采用首页作为课件的封面，这样可以一目了然地知道知识点与作者。目录是课件内容的索引。在课件或微课的排版封面要注意以下三个方面的设计美感：

（1）美学设计：整个演示文稿或微课的一幅／帧画面当中，最好是 50% 文字，20% 图片，30% 空白。画面文字颜色通常 2 种，不要超过 3 种。画面上下一致，左右协调，画面的上半页与下半页内容数量差不多，不出现头重脚轻，左右失衡的现象。

（2）背景设计：微课制作的过程中，选择一个合适的背景相当重要，好的背景不会冲淡主题，反而会很好地衬托主题。我们推荐一个非常高级好用的背景色系，那就是莫兰迪色的背景，它好像在所有的颜色上都蒙了一层灰蒙蒙的雾，给人的感觉是特地降低了饱和度，与周围环境融为一体，不扎眼，不冲突，非常适合作为微课或者 PPT 的背景。

（3）文字效果：很多时候，为了不让页面看起来太过单薄，或者为突出页面中的重要信息，我们会对文本添加一些特殊的效果如渐变效果、纹理填充效果、描边效果、立体效果、阴影字效果等。

2. 目录页制作

使用各类软件制作目录的要点基本一致，无非是图与文的排版与处理。我们以利用 PPT 为例，来回顾一下如何快速制作美观的目录，这里第二章第一节已详细介绍过。

第一种方式：使用艺术图形功能实现。

（1）点击插入——艺术图形命令；

（2）选择一个合适的样式添加到幻灯片中；

（3）在预设的文本框中输入文字；

（4）取消物体的组合以实现再排版和编辑。

第二种方式：利用目录分类图片＋文本框的方法实现。

（1）在网站上搜索"分类"图片，下载自己想要的图片，常用的有"千库网""千图网"；

（2）点击插入——图片命令，将下载好的分类图片插入到课件中，可以使用图片编辑器对图片进行去除背景色等操作；

（3）调整图片的大小和位置，在适当的位置插入文本框并输入文字；

（4）可通过多选文本框，在属性设置区设置对齐方式实现快速对齐。

3. 引导语

片头后面紧跟着就是主题内容的呈现和讲授了。但需要一个过渡，也就是开场白和引导语。其要点如下：

直奔主题：开头就直奔主题，不需要热场，要做到单位时间内信息量最大。

设置钩子：可以设置钩子钩起听众好奇，比如提一个问题，可以设计一些有共鸣的生活、工作场景，触及听众的刚需问题。设置钩子抓住听众愿意留下来继续了解。

介绍课程本身：介绍本次课的目录，接下来的内容分为哪些主题，对课程进行整体的描述。

4. 主体内容的呈现环节

微课的呈现是按照时间线性的呈现，这就需要布局好讲授各阶段的轻重缓急。主体内容的呈现一般按照导入、讲授（内容呈现）或演示（如实验或动作的操作细节）、回顾与练习（回顾提示微课的知识要点）、拓展和推荐（互动游戏或做小题目）等几个环节构成。

不同的知识点需要选择适宜的教学手法。

常用的教学手法有这样几种：举例子、分类别、列数据、作比较（类推或类比）、画图表、下定义、作诠释、打比方、摹状貌、引资料等。

5. 片尾

一般来说，微课的片尾时长 15 ～ 20 秒，呈现微课的制作团队成员、制作单位以及时间，还可以包括致谢等信息。片尾通常可以设定舒缓的音乐，表示结束。

以上五个序列有时也可以简化为三个，即把目录和引导语纳入主体内容部分，如图 3-5 所示：

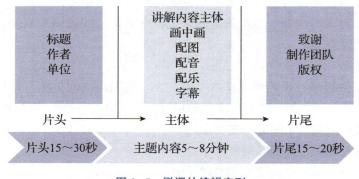

图 3-5　微课的编辑序列

我们已经了解了微课制作的简要流程，接下来看看具体的制作环节吧！

第二节　简单微课视频的合成与输出

一个基于课件的微课，其工作 80% 在于前期课件的制作，最后 20% 的工作就是给课件加旁白配音，保存为视频或录屏为视频再简单加工编辑，就可以得到一个比较简单的微课了。

如何在简单的 PPT 课件、FOCUSKY 课件等课件、实录视频或动画的基础上，快速生成一个声色并茂的微课短视频，把它用在课堂教学或在线教学里，是许多老师关心的问题。我们接下来学习如何使用 PPT 和录屏等软件来输出、合成一个简易微课。

一、PPT+ 配音录制微课

通常情况下，利用 PPT 制作微课，需要教师们安装微软 PowerPoint2010 或以上版本的软件。纯 PPT 录制微课的基本操作，分为三个步骤。

Step1：制作 PPT。

首先，根据微课录制的要求，制作 PPT 讲稿。PPT 的功能相信大多数教师都非常熟悉，但要制作得精美就要下一番功夫了。

Step2：录制旁白。

在确认计算机的耳机麦克风能正常工作的前提下，我们只需点击 PowerPoint 软件中的"幻灯片放映"菜单中的"录制幻灯片演示"按钮即可（如图 3-6 所示）。

图 3-6　录制幻灯片演示

此时，PowerPoint 会弹出如图 3-7 所示的对话框，直接点击"开始录制"按钮即可。接着 PPT 就会进入播放状态。此时，我们只需像上课一样边点击鼠标，边讲解，声音就会被录制下来，并且与 PPT 的页面切换、动画保持同步，如图 3-7 所示。

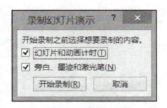

图 3-7　开始录制界面

需要注意的是：

PPT 页面在切换过程中，是不录制任何声音的。因此，切换间隙不要讲解，页面切换完成后，最好等半秒钟再开始讲解，否则可能出现声画不同步的情况。

Step3：另存为视频。

当我们为所有的 PPT 页面录制了旁白后，最后一步就是把它保存成为视频。自 PPT2010 开始，PowerPoint 软件就提供了将 PPT 文件保存为视频的选项。

方法是：依次点击"文件""另存为"菜单项，选择文件保存的目录，然后即可显示出"保存类型"的下拉框，在其中找到含有"视频"字样的文件即可。在 Office PPT2016 版本中，您还可以点击"文件""导出""创建视频"来完成。

二、用简易录屏软件制作录屏微课

简单微课除了前面介绍的课件制作＋配音合成的视频微课，也可以通过录屏来记录屏幕播放的演示文稿或其他操作来生成微课。这就需要用到录屏软件来实现，我们学习两款录屏编辑软件 Camtasia Studio2019 和 EV 录屏。

1. Camtasia Studio2019

Camtasia Studio 又称"喀秋莎"，是一款比较简单又经典的录屏编辑软件。您可以到 Camtasia Studio 中文官网（http://www.luping.net.cn/xiazai.html）下载安装 2019 版。喀秋莎在视频后期编辑方面功能强大且操作难度低，它是很多微课爱好者提升微课制作水平的首选。它是一款"录屏＋视频编辑"的一体化软件，能在任何颜色模式下轻松地记录屏幕动作，包括影像、音效、鼠标移动轨迹、解说声音等，界面如图 3-8 所示。另外，它还具有即时播放和编辑压缩的功能，可对视频片段进行剪接、添加转场效果。它输出的文件格式很多，包括 MP4、AVI、WMV、M4V、CAMV、MOV、RM、GIF 动画等多种常见格式。

图 3-8　喀秋莎软件操作界面

我们使用喀秋莎制作录屏微课常用的处理操作包括：对画面进行"变焦"，可将画面的指定局部进行放大，以起到减少干扰、强调重点的作用；支持同步在视频中增加文字或各种形状（"标注"）；同步录制摄像头和电脑屏幕；调节音量、消除噪声；处理字幕等。

最值得一提的是：将喀秋莎"摄像头＋电脑屏幕同时录制"与"绿幕抠像"这两个功能结合起来，可以制作出"人像＋PPT"、达到专业级效果的课件。这样就可以快速批量生产"PPT＋人像讲解"系列微课视频，大幅提高微课制作效率。

2. EV 录屏软件

EV 录屏软件是湖南一唯信息科技有限公司旗下的一款录屏软件。EV 录屏软件操作简单，易于上手，我们只需要打开软件进行简单的设置，就可以开始录制，录制的视频无时长限制，画面清晰且没有水印，非常适合一线教师。下面我们就来简单认识一下它的操作界面和使用方法吧。

（1）界面介绍。

在一唯科技的官网（https://www.ieway.cn/）上，找到 EV 录屏，点击下载安装。安装完成后打开，它的操作界面如图 3-9 所示。主要分为常规、列表和会员三个面板，最常用的是常规面板。在常规面板中我们可以进行录制的基本设置，并开始录制。录制完成后，可以在列表面板中查看录制的视频。在会员面板，我们可以查看会员特权，可以开通会员。

图 3-9　EV 录屏界面

（2）录屏操作步骤。

认识了界面之后，我们一起来看看如何使用它进行录屏吧。

Step1：在右上角设置菜单中设置文件的保存位置，如图 3-10 所示。

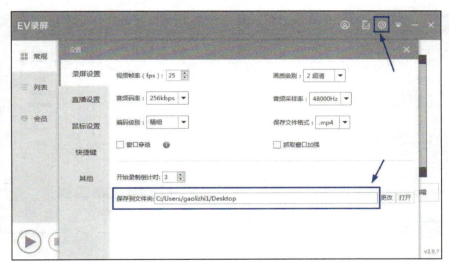

图 3-10　设置文件保存位置

Step2：根据录制需要设置录制区域和录制音频。录制区域分为四种，其中对屏幕录制的区域分为全屏和选区录制两种，第三种为打开摄像头进行主讲人录制，还有一种选择则是不录制视频；录制音频同样也分为四种，可以选择只录制外部主讲人声音的麦克风，可以选择只录制电脑内部的系统声音，也可以二者都录，还可以选择不录制声音，如图 3-11 所示。

Step3：根据需要进行辅助工具的设置。其中上面四种工具是可以免费使用的，下面的四种工具需要注册会员才可以使用，如图 3-12 所示。

Step4：开始录制。设置完成后，点击下方的三角形图标，三秒倒计时之后开始录制，在录制结束后，点击 Ctrl+F2 键结束录制，如果使用笔记本电脑，则需要按 Ctrl+Fn+F2 键结束录制，如图 3-13 所示。

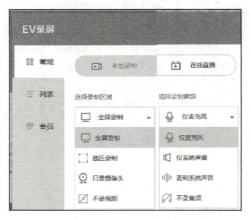

图 3-11　录制区域和音频设置

图 3-12　辅助工具

图 3-13　开始录制

Step5：录制结束后，在列表面板可进行视频的播放、重命名、查看文件位置以及删除等操作，如图 3-14 所示。

图 3-14　列表中录制视频的操作

三、手机编辑视频工具推荐

随着视频编辑软件的不断成熟，在手机上制作高质量微课的门槛大大降低，究竟有哪些软件可以帮助我们快速制作微课呢？

苹果手机、苹果平板电脑（iPad、iPhone）可以使用苹果系统自带屏幕录制功能，直接录制视频，也可以使用 Explain everything。如果你录制的视频主要是由图片组成，也就是由一张张的图片串联而成的视频。苹果手机采用 iMovie 就非常简单快速，只需要几分钟的时间就可以套用 iMovie 的模版，完成一个非常不错的视频。

非苹果手机可以选用的视频编辑工具很多，如"EV 录屏""小影""爱剪辑"等。此外还有"剪映""美图秀秀""VUE"等，您都可以尝试一下。

第三节　怎样观摩和评价一个微课

一、观摩分析之维度

学习制作微课，要从观摩学习开始。通过观摩大量不同类别不同制作技术生成的微课，从中学会鉴别微课的基本构成要素、制作技巧，揣摩其设计思路及使用的编辑技巧、制作软件使用的技巧等。通过大量的观摩训练和经验积累，我们心中就会有一个规范的尺度和标准指引自己去开发一个优质的微课，而不是盲目地去做。

拿到一个微课范例，该从哪些角度去分析呢？大体包括五个维度：编辑序列（标注时间）、媒体元素、教学手法、拍摄环境、拍摄设备等。这里给出一个模板如图 3-15 所示，供您填写使用。

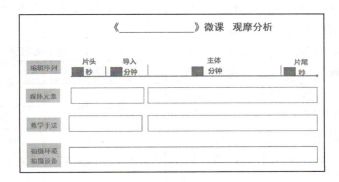

图 3-15　微课观摩分析的五个维度

例如，我们从爱技能网上来观看全国中职微课大赛获奖视频《城镇化之痛——城镇之殇》（http://www.iskill.org.cn），可以将其使用的媒体元素、教学方法按照时间段对应的标识分出来，并列举所用的拍摄设备、拍摄环境，如图 3-16、图 3-17 所示，不再赘述。

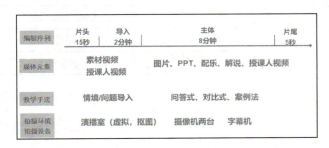

图 3-16　《城镇化之痛——城镇之殇》微课观摩分析图

图 3-17　案例视频二维码

我们在这里推荐几个微课资源网站，您不妨也去找几个微课来分析一下。

二、精品微课资源网站介绍

1. 中国微课网

中国微课网（http://dasai.cnweike.cn/）是国内中小学微课教学资源最全和最权威的平台，微课资源来自中央电化教育馆自 2014 年每年举办的全国微课大赛获奖作品。平台还设有微课设计、微课制作教程和讨论区等。

2. 国家开放大学五分钟课程网

国家开放大学五分钟课程网（https://www.5minutes.com.cn/），简称国开五分钟网，是 2012 年国家开放大学建设的。国家开放大学（简称"国开"）前身就是中央广播电视大学，截至 2017 年，已经开发了 27 000 多门微课，从哲学社科到经济管理，从科学技术到农林牧渔、从历史文化再到政治法律，从文学艺术修养到生活休闲小常识面面俱到。不论是教师教学使用还是观摩学习制作技术，都是一个很好的资源网站。

3. 爱技能网

中国职业教育视频课程网（http://www.iskill.org.cn）是教育部国家示范性职业学校数字化资源共建共享计划立项建设网站，由"职业教育视频课程网专业协作组"具体实施开展，是国家示范性职业学校教师视频公开课程大赛和全国职业院校教师微课大赛获奖作品指定平台。该网站提供的微课适用于中等职业教育和高等职业教育，其他高校和中小学教师也可以检索使用。另外，对于动画类的微课您可以到许多软件的官方网站浏览学习，如万彩动画大师的官网、希沃 EN5 的官网等。

三、微课的评价指标

在一些微课大赛中，微课的评审需要用量化的指标体系来评价，这里提供了第四届中国微课大赛的微课评审标准，包括选题、内容、技术规范、活动设计以及网上评价等方面，如表 3-2 所示。

表 3-2　第四届中国微课大赛评价标准[①]

一级指标	二级指标
教学选题（10 分）	选题简明（5）
	选题典型（5）
教学内容（30 分）	科学正确（10）
	结构完整（10）
	逻辑清晰（10）
视频规范（20 分）	技术规范（10）
	语言规范（10）
教学活动（30 分）	目标达成（10）
	精彩有趣（10）
	形式新颖（10）
网上评价（10 分）	网上评价（10）
总计得分	100 分

---

① 第四届中国微课大赛评价标准来源于第四届微课大赛作品征集活动网：http://dasai.cnweike.cn/standard.html。

第四节　回顾与练习

　　微课是基于教学设计思想，使用软件在几分钟以内就一个知识点进行针对性讲解的一段视音频。决定微课制作质量的关键在于教学设计，我们提供了一个制作流程、总体设计框架和脚本撰写模板以方便您在设计的时候理清思路。

　　我们在本章提供了很多微课资源网站供您学习参考，技术可以提升微课的"外在"，而"内在"靠微课主题和微课内容。内容是微课之王，主题是微课之眼。选好有价值的微课主题和内容非常重要。

　　在课件的设计方面，我们从封面、目录、内容、资源等方面分别介绍了需要注意的方面。

　　基于课件的微课以及录屏微课是最简单的快速生成微课的方法，我们介绍了如何从PPT 和录屏软件 Camtasia Studio、EV 来制作录屏微课，在短时间内高效率制作实用的微课。

　　在着手制作微课的时候，我们首先要学会鉴别微课的优劣，知道怎样的微课设计是好的，怎样的是不好的，这样我们可以避免出错，少走弯路。我们也提供了观摩分析的维度和评价的指标体系。您可以多去中国微课大赛网站、爱技能网站、国开五分钟网等浏览观看，揣摩学习。

常见问题及解决方法

　　Q1：如何选择学科知识点去做微课？

　　A1：录制微课，是针对知识点进行的。微课知识点的提取方法：聚焦重点、难点、易错点。

　　Q2：微课封面的三大要素是什么？

　　A2：主讲人和单位是必有的，在封面上我们要呈现微课的名称。我们可以根据教学内容为微课选择一个吸引人的题目，让大家有兴趣继续学习此微课。

　　Q3：使用 PPT 录制微课视频，在切换 PPT 时可以进行讲解吗？

　　A3：在切换 PPT 时尽量不要进行讲解，因为在切换 PPT 时，声音是不能被录入进去的，所以建议在切换到新的 PPT 页面后，停留半秒钟再开始进行讲解。

　　Q4：使用 PPT 录制微课，如何保存为视频？

　　A4：使用菜单栏中的"文件"导出中的创建视频。

　　Step1：在录制完成后，点击文件菜单下的导出—创建视频；

　　Step2：在视频设置中，一定要选择使用录制的计时和旁白；

　　Step3：录制完成后，点击创建视频，选择视频保存的位置；

　　Step4：最后视频导出过程中，会有进度条显示，等到进度完成后，就可以查看生成的视频文件了。

　　Q5：Camtasia Studio 如何保存为视频？

　　A5：使用分享菜单中的本地文件。

Step1：在 Camtasia Studio 的"分享"菜单中选择本地文件；

Step2：进行自定义生成设置；

Step3：在生成向导中选择视频的文件格式，推荐使用 MP4 格式；

Step4：设置文件名并选择视频输出位置，点击完成。

拓展学习

我们推荐微信公众号"学习科学与技术研究"供老师们进一步学习。它是由王珏老师创立的，以微"视觉化表达""情境营造"为核心原则的微课理论，并以此指导课程设计、教学设计、媒体表达设计。有关技巧可进一步到该微信公众平台上学习。对于视频编辑软件，希沃公司提供的"剪辑师"也是目前比较受欢迎的一款工具，您也不妨下载安装尝试一下。

别忘了继续浏览学习我们前面推荐过的中国大学慕课课程《微课设计与制作》哦。

练习提高

练习一

结合所教学科，用思维导图 XMind，画出拟作微课的内容组成部分。

练习二

从爱技能网上，观看某个微课，参照微课观摩分析的五个维度，将其编辑序列上各部分的时间长度标注出来，把不同片段使用的媒体元素、教学方法等按照时间段对应标识出来，并列举所用的拍摄设备、拍摄环境。

练习三

请基于自己所教学科，在练习一的基础上，做好 PPT 课件或 FOCUSKY 课件，并为其配音，制作成一个 3 分钟左右的简易微课。

练习要求：

（1）片头和片尾要有背景音乐；

（2）旁白要清晰；

（3）声画同步；

（4）输出视频格式为 MP4。

第二篇

金课打造：复杂微课的设计与开发

第四章

动画式微课制作（上）：生动有趣的万彩动画大师

　　万彩动画大师，作为一款国产免费 MG 动画软件，界面简洁，比 FLASH 等专业动画制作软件更简单。教师使用万彩动画大师，不仅可以添加文字、图片、视频、SWF、声音文件等，还可以制作专业的动画视频效果。这为一线教师制作微课、课件和动画节省了很多时间和金钱，可以低成本、省时省力地制作令人耳目一新的高质量动画类微课。接下来两章我们先了解软件的基本界面，然后介绍其不同于 PPT 的一些特色功能，如场景、镜头等，最后我们以"小熊的周末"为例为您讲解具体的操作。如果是实操培训，一般需要 4 ～ 5 小时即可完全学会。

第一节　认识万彩动画大师

一、万彩动画大师版本与下载

　　万彩动画大师自 2016 年 6 月发布第一个版本 1.0.0，到目前已经更新了五十多个版本，本部分示范教学的版本是 2020 年 1 月发布的万彩动画大师 2.6.7。它支持 Vista/Win7/Win8/Win10 多个系统，拥有 32 位和 64 位下载版本，同时支持在线编辑。用户只需进入万彩动画大师官网（http://www.animiz.cn/）即可下载，下载安装后，通过邮箱注册便可使用免费版。万彩动画大师与 Focusky 同属于一家公司，如果用户已经注册 Focusky 账号，则无须再次注册，使用 Focusky 账号登录即可。万彩动画大师支持输出多种格式（.mp4; .wmv; .avi; .flv; .mov; .mkv）的视频，并支持用户自定义输出设置。也可以上传云作品在线播放，分享到微信，其界面如图 4-1、图 4-2 所示。

二、软件界面介绍

1. 菜单栏

　　万彩动画大师 2.6.7 版本的菜单栏主要由"文件""编辑""操作""时间轴""帮助"组成，如图 4-3 所示，【文件】包含新建、打开、关闭、保存和发布工程；【编辑】主要是对工程的预览、场景的导入导出、操作的撤销与重做以及元素复制、剪切、粘贴；【操作】包含对于工程的常规操作，如场景的上下移动、元素的对齐、画面的放大缩小等；

【时间轴】则对应对于时间轴的操作，如修改效果、增删时间、镜头背景等的插入与删除等；在【帮助】模块，提供版本的更新与视频教程。

图 4-1　万彩动画大师软件首页

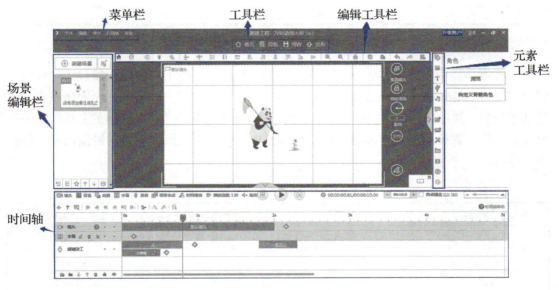

图 4-2　万彩动画大师 2.6.7 版工作界面

图 4-3　万彩动画大师 2.6.7 版本菜单栏

2. 工具栏

工具栏包括【首页】、【预览】、【保存】、【发布】四个按钮，点击【首页】即可返回到初始页面（如图 4-4 所示），在初始页面提供大量的视频模板。点击【预览】即可对整个工程进行预览，【保存】键随时保存工程文件，通过【发布】可以将视频输出到云，输出为 mp4 格式视频或 GIF 动画。

图 4-4　万彩动画大师 2.6.7 版本工具栏

3. 场景编辑栏

万彩动画大师提供多种类型的场景，每种分类下还包含大量的场景模板。新手也可以简简单单做出一个精彩的动画视频。用户可对场景进行以下操作，新建场景、选择场景、场景切换、改变场景顺序、复制场景、替换场景、删除场景、导出场景。场景可复制和替换，大大减少了动画视频的制作时间和成本，降低了用户的工作负担，提高了动画的质量。如果觉得某个场景或者某些场景很好，用户可以导出相应场景，以供下次使用。"改变场景顺序"这一功能为动画视频制作提供了不少方便。对于已经做好的场景，可根据实际情况需要，轻松地改变其顺序。精简的动画视频也是颇受大众青睐的，万彩动画大师支持用户轻松删除不必要的场景。

4. 快捷工具栏

万彩动画大师快捷工具栏与菜单栏中【操作】菜单下对应的内容相同，使用者无须在菜单中多次点击，只需选中相应的图表就可以执行操作，如图 4-5 所示。

图 4-5　万彩动画大师 2.6.7 版本快捷工具栏

为有效提高用户的工作效率，万彩动画大师软件也支持用户使用快捷键，这些快捷键与常用的 Office 和 WPS 快捷键相同，如表 4-1 所示。个别有些不同，主要体现在制作动画过程中，如使用到的"Alt+D"上一帧和"Alt+F"下一帧。快捷键的总结归纳不用刻意去记忆，教师及用户在具体使用软件过程中，根据个人操作习惯，慢慢摸索，逐渐适应即可。

表 4-1　万彩动画大师快捷键使用表

Ctrl+C	复制	Alt+ 鼠标左键	框选多个动画效果
Shift/Ctrl+	多选	Alt+W	插入效果
Ctrl+V	粘贴	Alt+X	删除效果
Shift+C	镜头	Alt+C	复制效果
Ctrl+X	剪切	Alt+V	粘贴效果
Shift+S	字幕	Alt+Y	插入时间高级选项
Shift+B	背景	Alt+G	时间对齐
Ctrl+Z	撤销	Alt+H	整体移动时间

续表

Ctrl+C	复制	Alt+ 鼠标左键	框选多个动画效果
Shift+R	录音	Alt+J	顺序进场
Ctrl+P	批量导出字幕	Alt+K	顺序退场
Ctrl+K	批量导入字幕	Alt+D	上一帧
Shift+T	语音合成	Alt+F	下一帧
Delete	删除对象	Ctrl+M	批量清空字幕

资料来源：万彩动画大师官网 http://www.animiz.cn/kb/topic-1564.html。

5. 元素工具栏

万彩动画大师元素工具栏，包含大量的在线素材，包含图形、图片、文字、角色、动画组件、效果、气泡、SVG库、音效、视频、SWF动画、特殊符号、FLASH角色、图表、符号、标注、我的素材库、幻灯片，如图4-6、图4-7、图4-8所示。下面，我们对每一种元素进行详细介绍。

图 4-6　图形

图 4-7　图片

图 4-8　文本

图形：包括常用的线性图形和二维平面图形、箭头、矩形、圆形、对话框、化学符号、数学符号、物理符号及一些特殊的变体图形，选中所需要的图形，点击，就能够加入场景中。

图片：万彩动画提供大量的矢量图形，分为交通工具、人物、便签、办公设备等三十多种类别，同时支持添加本地图片。

文本：提供多种中文和英文文本样式可供选择，同时也可以直接添加文本，在文本框中输入文字，对文字的属性进行设置。

角色：角色是万彩动画大师最为独特的素材，如图4-9所示，官方提供多种动物和人物的角色，并为每一个角色设置几十个动作可供选择，通过插入角色，可以使动画更具有情境性。除了官方的角色，也可以自定义角色，使用者可以定义自己需要的角色和动作。

图 4-9 角色

动画组件：包含卡通文字、花纹装饰、3D 对象等类别的素材，是一些具有透明背景的装饰动画。同样，动画组件也支持本地添加与在线选择。

效果：包含大量的动画特效和动态插图，在效果中，通常可以找到很多场景中需要的小素材。

气泡：是指对话框，如图 4-10 所示，与图形中对话框不同的是，气泡的形态更加多样，色彩更为丰富。

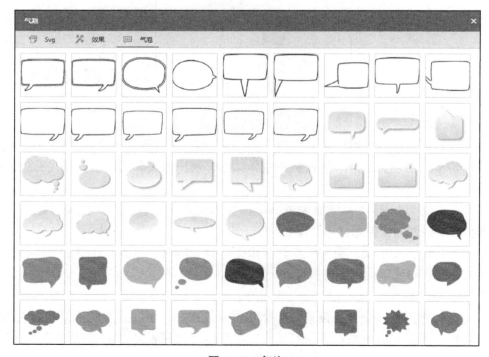

图 4-10 气泡

SVG 库：提供大量的矢量图标，如图 4-11 所示，包括办公用品、体育用品、公共标识、动物、植物等。

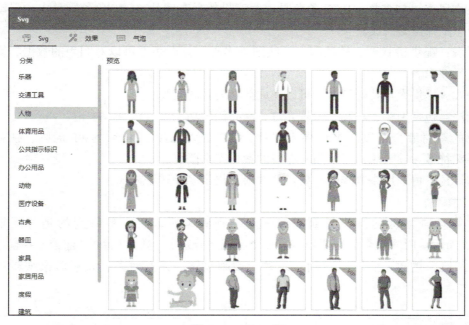

图 4-11　SVG 库

音乐：主要为 MAC 系统音效，如果需要添加背景音乐，则可以选择【添加音乐】从本地文件中选择，如图 4-12 所示。

视频：万彩动画大师不提供在线视频，但支持添加本地视频。

SWF：SWF 是一种视频格式，万彩动画大师中 SWF 表示提供了大量的动态视频，如图 4-13 所示，这些视频素材都是透明背景。

特殊符号：是一些常用但通过输入法无法输入的符号，如图 4-14 所示。

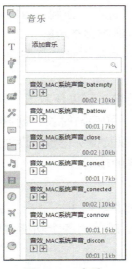

图 4-12　音乐

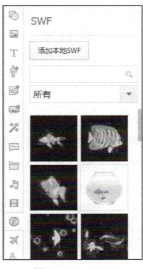

图 4-13　SWF

图 4-14　特殊符号

角色：与前面的角色不同的是，这里提供的是 FLASH 角色、PNG 角色、GIF 角色。FLASH 角色是指使用 FLASH 制作动画的角色，这类角色可选择的人物较多，但动作较少，人物风格更加多样。PNG 角色是透明背景的静态图片，GIF 角色则是由少量动作切换的动态图片连缀而成。

图表：提供饼状图、柱状图、折线图等多种统计图表，可以对图表的数据、颜色等属性进行编辑。

公式：提供大量特殊符号，可以完成数学公式的书写。

标注：包括模糊、马赛克、聚光灯、高亮四种功能。

我的素材库：可以从本地导入图片、GIF 动画、SVG 图形、SWF 动画、视频、音乐、特殊符号，导入后，可以随时在我的素材库中调取。

幻灯片：可以用来制作图片展示的效果，提供多种转场方式。

6. 时间轴

万彩动画大师的操作界面类似一般的视频编辑软件，最特别的是时间轴，如图 4-15 所示。时间轴界面主要划分为 8 个区域，分别是：镜头 / 背景 / 前景 / 字幕 / 声音、播放 / 预览、播放头、场景时间、元素—动画设置、元素对象、元素对象编辑和动画效果。

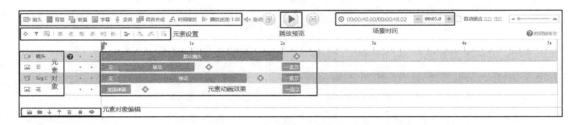

图 4-15　万彩动画大师时间轴

时间轴面板具体包括导入文件夹、进场对齐、退场对齐、时长对齐、过滤筛选所需元素、设置元素对象播放顺序、设置动画时长、添加动画效果（进场、强调、退出）、隐藏元素对象、录音、添加字幕、添加背景图片、添加多个旋转镜头等多个功能。

为了使多个元素对象的进退场时间一致，达到动画效果播放与结束时间的统一，万彩动画大师支持设置多个元素对象进退场时长对齐。

时间轴是制作 MG 动画最关键的功能。时间轴包含多个轨道，可以任意组合视频、声音、图像、文字等多种元素，能够控制每个场景中元素的播放顺序与时长，创造生动有趣的视觉特效，并随时预览效果。制作者只要用好时间轴，以及镜头设置，设置编排动画特效、特色功能，再配合好的创意，就能轻松做出精彩流畅的动画。

（1）镜头、背景、前景、字幕、声音。

如图 4-16 所示，在时间轴上方有一排按钮，包括镜头、背景、前景、字幕、录音、语音合成、时间缩放等的工具按钮，点击它们可以对应的显示或关闭各个功能对应的轨道。

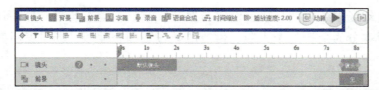

图 4-16 万彩动画大师时间轴（镜头、背景、前景、字幕、声音）

添加镜头、背景、前景字幕和声音使动画视频有声有色，画面丰富，精美的视听效果，更好地吸引观众注意力。镜头可添加缩放、旋转、移动的镜头特效，让动画视频更富有镜头感，内容呈现更具动感创意。在背景中可添加万彩动画大师自带的背景图片，也可以设置自定义图片背景、背景颜色（纯色背景、渐变背景），个性化呈现动画视频。添加字幕，设置字幕外观，增强动画演示说服力，可以导入 / 导出字幕快速操作。添加录音，可以录制电脑系统的声音以及自己说话的声音，传递动画所要表达的内容。输入文本，利用语音合成功能就可以快速生成不同语音（男音，女音，普通话，粤语，英语，卡通人物语言，台湾话，湖南话，东北话等），轻松调节语音的音量和音速。

（2）场景时间。

在万彩动画大师中，轻松自定义各个场景时间，设置时间轴的缩放比例，如图 4-17 所示。制作时用户可自主拖动播放头所在时间点，以确定预览时动画从哪里开始播放。点击"从当前场景删除 / 增加"一次，时间删除或增加 0.5 秒。

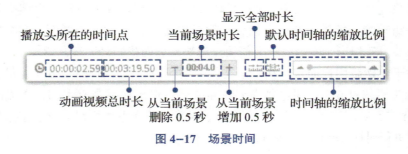

图 4-17 场景时间

（3）元素—动画设置。

使用万彩动画大师制作视频时，若添加了太多元素对象，可以点击下方的文件夹，将元素放入不同的文件夹中进行分类，也可以点击"眼睛"设置元素的显示或隐藏，同时，还可以为所添加的元素对象设置动画效果，进场 / 强调 / 退场动画效果都可轻松定义，并根据需要设置动画的时长。

第二节 海量模版来帮忙：场景与镜头的设置

万彩动画大师自称是"人人都会制作动画视频的软件"，它提供了丰富的场景来实现动画视频效果，如图 4-18 所示，有古代外景、室外道具、现代内景、现代外景、乡村外景、玄幻场景、自然环境、健康与医疗、节日、动态场景、片头片尾和其他类场景。由于版本分为免费的个人版、付费的教育版和企业版，场景素材数量也会有所差别。

图 4-18　万彩动画大师的场景分类

那么场景是什么呢？在万彩动画大师中，一个工程文件中通常包含多个场景，一个场景即是一组动画。场景中的每个镜头实际就相当于 PPT 的一个页面。多个场景之间可以用特效切换，就相当于多个演示文稿接连放映，后面我们会详细介绍。

目前对于免费版用户而言，在一个文件中添加的动画人物角色 16 个，场景 5 个，每个场景的镜头不超过 6 个，可添加背景数量 2 个，输出作品带有水印，生成的视频分辨率只有 600p 或 576p，如果付费购买个人版、教育版或企业版则没有这么多限制。详情可浏览该网址进行对比（http://www.animiz.cn/buy/）。

一、场景与镜头

在万彩动画大师中，通常新建工程后会自第一个空白场景与一个默认镜头。一个场景类似于 PPT 中的一整张幻灯片，在场景中可以加入各种各样的内容与动画。而镜头指的是在每个场景中要依次呈现的部分，类似探照灯逐个去照亮舞台（场景）上的不同地方或逐一显示幻灯片的某一部分，镜头包括平移、旋转和缩放。

例如，如图 4-19 所示的室内场景中有躺在床上的小猪，还有书柜，我们如果要做一个小猪去书柜取书的动画，画面就要依次先聚焦到小猪，如图 4-20 所示，再聚焦书柜，如图 4-21 所示。我们可以这样实现：给小猪添加一个镜头，给书柜添加一个镜头，这样就会有运动感。

　　在操作面板中，场景和镜头显示的差别在于，场景就像一个故事片断，以缩略图的形式显示在整个面板的场景编辑区中，有几个缩略图代表有几个场景。而镜头以虚线框的形式显示在每个场景中，在虚线框的左上方有一个摄像机的标志及镜头播放的序号。

　　综上所述，场景与镜头的区别与联系在于：一个场景包括多个镜头；多个镜头连续呈现的背景空间就是场景。

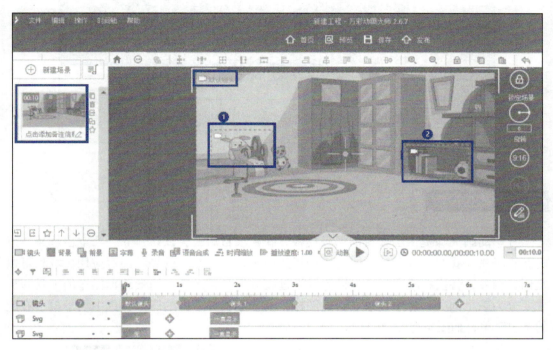

图 4-19　室内全景的默认镜头

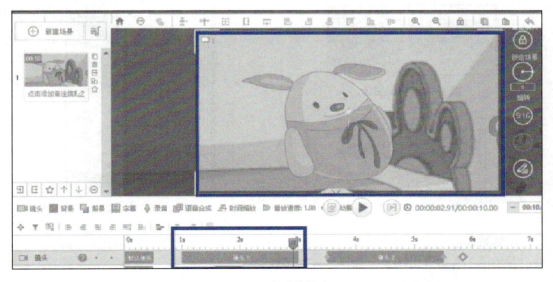

图 4-20　小猪的镜头 1

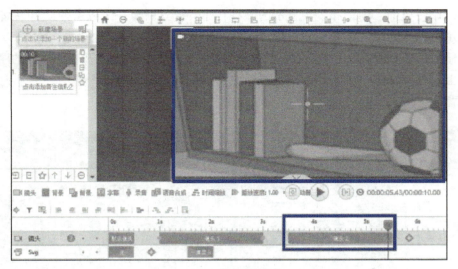

图 4-21　书柜的镜头 2

二、场景的设置

万彩动画大师提供了大量的场景模板，新建项目后，会默认建立一个空白场景，点击新建场景，我们可以看到不同类别的场景模板，选中需要的场景即可应用。场景可以复制、删除、替换、改变顺序、设置场景过渡效果和导出等。场景编辑操作的工具面板主要分为三个部分：每个场景右边的图标；场景编辑栏下方的图标；选中场景单击右键的下拉菜单，如图 4-22、图 4-23、图 4-24 所示。

图 4-22　右侧图标

图 4-23　下方图标

图 4-24　右击菜单

1. 复制场景

方法一：右键点击场景，选择"复制场景"。

方法二：点击场景右侧的"复制场景"按钮。

方法三：选中需要复制的场景，点击场景编辑区下方图标中的更多，选择复制场景。

2. 删除场景

方法一：右键点击场景，选择"删除场景"。

方法二：点击场景右侧的"删除"按钮。

方法三：选中需要删除的场景，点击场景编辑区下方图标中的更多，选择删除场景。

3. 替换场景

方法一：右键点击场景，找到"替换场景"。

方法二：点击场景右侧的"替换场景"图标进行操作。

替换后的场景有两种，分别是"自定义场景"（自己制作或下载）和"官方场景"（软件自带）。场景文件的格式为".sc"。

4. 改变场景顺序

改变场景顺序可以通过"上移场景""下移场景""移到底部""移到顶部""移到当前场景下面"五种操作来实现。通过移动场景的顺序，可以改变场景的播放次序。

上移场景：选择场景，点击场景编辑区下方向上的箭头；或者右键点击场景，选择"上移场景"。

下移等其他操作方法与上移一样。

5. 场景过渡效果

若是想为场景切换添加过渡效果，可以点击场景下方的"●"来更改，如图4-25所示。

打开"过渡动画"，选择心仪的过渡效果。选中过渡效果后，可以对效果的属性进行修改，更改时长、方向、数量，以及是否伴随声音，如图4-26所示。

图4-25　场景切换效果

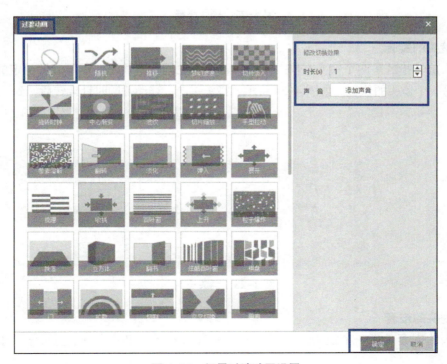

图4-26　场景过渡动画设置

6. 导出场景

导出场景是指将文件中的某一个场景导出为单个的文件，这样导出的场景就可以导入到其他的工程文件中，避免重复制作的麻烦。导出场景有三种方法。

方法一：右键点击场景，选择"导出场景"，将场景命名后点击"保存"导出。

方法二：点击场景右侧的"导出"，进行导出场景。

方法三：选中需要导出的场景，点击场景编辑区下方图标中的导出场景。

三、镜头的设置

同万彩家族的 Focusky 软件中的帧 / 路径之间的关系类似，在万彩动画大师中，镜头的关系也分为三种：

1. 镜头的平移

镜头平移是指两个镜头处于水平或垂直的位置上，图 4-27 中，从镜头 1 到镜头 2，产生的就是平移的效果，如图 4-27 所示。

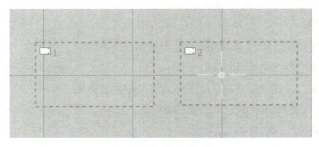

图 4-27　镜头平移

2. 镜头的旋转

镜头旋转指的是两个镜头在同一平面中，但不在同一直线上，需要旋转一定的角度才能到达另一个镜头的位置。如图 4-28 所示，镜头 1 向右移动并顺时针旋转后，到达镜头 2。

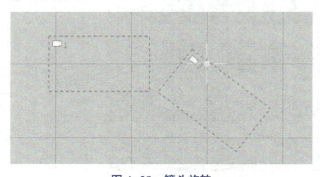

图 4-28　镜头旋转

3. 镜头的嵌套

镜头的嵌套是指一个镜头嵌套于另一个镜头的内部，如果后一个镜头嵌套于前一个镜头内部，则在镜头的顺序播放中，产生镜头推进放大局部的效果；如果后一个镜头位于前一个镜头外部，则产生镜头拉远呈现全貌的效果。如图 4-29 所示，镜头 1 到镜头 2 为镜头的推进。

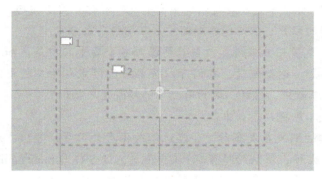

图 4-29　镜头嵌套

需要注意的是，在调整镜头平移和旋转的位置时，镜头之间尽量不要交叉。因为每一个镜头都会显示包含在其虚线框内的所有内容，如果镜头之间交叉，那么上一个镜头的内容可能会出现在下一个镜头中，造成"穿帮"。另外，当有多个镜头时，需要注意镜头的顺序。前面已经说过，镜头的转换是通过位置的移动来实现的，且按照镜头序号由小到大依次播放，如图 4-30 所示，镜头 3 和 2 的顺序就颠倒了，播放时候会造成从 1 掠过 3 播放 2，然后再回来播放 3，这也是一种穿帮，除非需要特殊效果，否则要尽量避免。

图 4-30　镜头播放顺序颠倒造成穿帮

第三节　回顾与练习

本章我们初步认识了万彩动画大师的界面，安装软件之后，我们发现里面有大量的场景模板可以使用。制作动画其实并不是一件难事，我们只需要对教学内容中的文字、图片、图形、视频等设计好大小、位置、颜色以及动画方式，就可以很快输出一个动画了。只是理解起来稍微有点难度的是这里有场景和镜头两个概念，不像我们习惯的 PPT 幻灯片那么简单。其实，万彩动画大师里的一个镜头就相当于 PPT 中的一张幻灯片，多个镜头之间按照一定的路径切换就是一个场景的播放，相当于一个完整 PPT 中所有幻灯片页面的播放；而多个场景的逐一切换就相当于多个 PPT 的顺序播放。这样理解起来是不是就容易了呢？我们可以对镜头的大小、旋转角度以及镜头间的相对位置关系进行调整，这样就会呈现出视频拍摄中推拉摇移镜头的视觉效果，让内容呈现更加生动有趣。

常见问题答疑

在制作过程中，你是不是也会遇到许多问题呢？教你一些小技巧，快来看看吧！

Q1：我是免费的用户，但是想添加超过 6 个场景怎么办？

A1：目前对于免费用户来说，最多只能添加 6 个场景。但是，如果导入场景，则可以添加 6 个以上场景。也就是说，我们可以将之前已经完成的工程文件中的部分场景导出后再导入到新的工程中，这样，哪怕有更多的场景也不怕啦！

Q2：发布后找不到视频怎么办？

A2：很多粗心的朋友在发布时总会忘记修改保存的位置，导出完成后就找不到视频了。对于万彩动画大师，默认的位置在：C:\Users\ASUS\Documents\animiz\，如果没有修改过保存位置，根据这个路径就可以找到。如果修改过保存位置，只需要再重新点一次发布，保存的位置会默认为上一次更改的位置，根据路径就可以找到你的视频了！

Q3：本地的视频无法导入怎么办？

A3：万彩动画大师对于导入的视频格式是有限制的，通常导入的格式为 mp4，对于 avi/mov 等格式是不兼容的。因此，在导入之前先检查视频的格式，倘若为 avi，则使用格式工厂等格式转换工具将它转换为 mp4 格式就可以导入了。

Q4：为什么镜头 1 的内容还没有结束就切换到镜头 2 了呢？

A4：出现这种情况，请认真检查镜头轨道，是不是镜头 2 对应滑块的位置放得太靠前了。通常情况下，我们要将镜头 2 紧跟在镜头 1 所有元素的最后一个滑块之后，这样才能完美地实现镜头的转换。

练习提高

练习要求：利用所学的知识，制作一个呈现一棵树四季变化的简单动画。要点：

（1）包含一个场景，并添加一个角色——树木。

（2）场景中添加四个镜头，分别表现春夏秋冬树木的不同表现。

（3）四个镜头之间是水平横向放置，间距相等，不交叉。

第五章

动画式微课制作（下）：如何让角色声色并茂

前面一章我们初步学习了万彩动画大师制作简单的动画微课，这一章我们继续以"小熊的周末"为例，学习如何让动画里的角色做动作和说话。这些都是我们制作动画常用到的功能，学完之后你一定会觉得用这款软件制作微课是非常有趣的事！

第一节　角色怎样动起来

一、角色基本操作的回顾

在前面的操作分解中，我们已经知道了添加角色的基本操作，这里我们再次复习一遍：

首先，点击右边元素工具栏中的人物图标，进入角色的选择界面；接下来，根据内容选择合适的角色，点击选中的角色后进入动作的选择界面；最后，当我们把鼠标轻轻放置在右边的角色上时，可以在左边的预览框中预览角色的当前动作，选中合适的动作，单击鼠标左键，则可以将角色及动作添加至画布中，如图5-1、图5-2所示。

图 5-1　设定角色

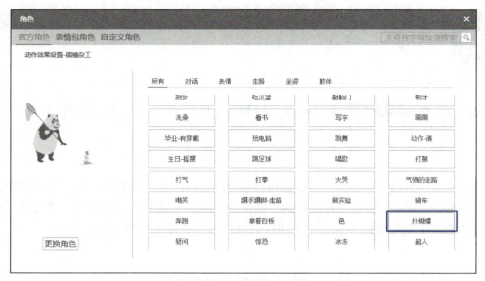

图 5-2　选择动作

二、角色动作和表情的设定

添加角色后，在画布中可以看到添加的角色及其动作，而在时间轴上则会出现角色所对应的轨道。与其他元素的轨道不同的是，角色对应着两条轨道，如图 5-3 所示，上面的轨道表示角色在场景中出现、强调、退出的动画，下面的轨道表示角色的动作。

图 5-3　角色轨道

角色的动作在选定之后是否可以更改呢？答案当然是可以的。不仅可以更改已有的动作，还可以为角色加入更多的动作。

- 更改动作：选中动作轨道上的蓝色滑块，双击，打开角色面板，重新选择需要的角色和动作。
- 添加动作：添加动作与添加动画操作相同，点击动作轨道上的"+"就可以实现同一位置角色与动作的增加。

除官方自带的角色外，万彩动画大师软件从 V2.2.6 版本开始，可以自定义动画角色。

点击"角色"按钮→选择"自定义角色"→点击"添加自定义角色"，为角色命名，以及添加缩略图（尺寸建议是 160×200px）→点击"确定"，添加角色完成。

如果想重新编辑或者删除角色，可以将鼠标放在角色缩略图上，待左下角和右下角出现"编辑"以及"删除"字样，点击操作即可。

添加完角色后，还需要为角色加上表情、动画。点击刚添加好的角色→点击"添加表情"按钮→添加 Flash 或 GIF 文件（*.swf、*.gif）并为表情命名、归类→点击"确定"，如图 5-4 所示。

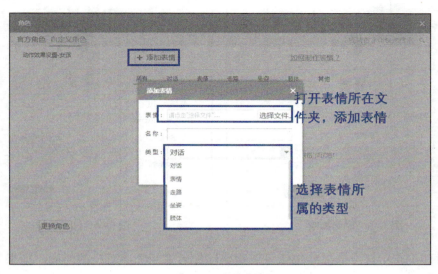

图 5-4　添加表情

万彩动画大师的角色表情需是 Flash 或 GIF 文件，分别在 Flash CS 软件、Photoshop 制作。

Flash 角色表情要求：

（1）内容尽量居于中间；

（2）角色表情的宽高尽量一样大；

（3）Flash 中场景的帧数一定要和该角色的表情播放时长一致。避免帧数过长，动画表情出现空白的情况。

GIF 的角色表情要求是透明的 GIF，其他要求跟 Flash 一样，如大小，内容居中等。

三、角色动作的时间和位置编辑

添加完角色之后，在场景中进行预览，可能发现，当一个角色的动作持续时间很长时，会出现我们不想要的动作或角色的动作停留在最后一帧。遇到这种情况该怎么解决呢？接下来，我们就学习对角色进行进一步的编辑。

在角色的动作轨道上，每一个动作的蓝色滑块最右端都有一个环形的箭头，点击环形箭头，会跳出一个菜单栏，从上到下依次为：单次播放、循环播放、角色编辑、水平翻转。

如果仅仅是对播放次数或角色的方向进行调整，则选择"单次播放"表示播放一次，循环播放表示播放直到该角色执行下一个动作；水平翻转则是沿着 Y 轴对角色进行翻转。但在这里，主要介绍的是角色编辑的面板。角色编辑包含时间编辑和位置编辑两种方式，如图 5-5、图 5-6 所示。

图 5-5　时间编辑　　　　　　　　　　　图 5-6　位置编辑

　　在时间编辑中，点击播放按钮可以预览动作效果及画面对应的时间。如果只需要截取其中一段动画，则滑动下方的播放头，左边置于起始位置，右边置于结束的位置，两个播放头中间表示截取的部分动画，编辑完成后点击确定。

　　在位置编辑中，通过设置水平位移的值实现人物的左右移动，正数表示向右移动，负数表示向左；通过设置垂直位移实现人物的上下移动，正数表示向上，负数表示向下。通常，将人物置于蓝色方框的中央。右边是对角色的大小进行调整，W 表示在宽度上进行缩放，H 表示在高度上进行缩放。设置完成后点击确定。

　　在《小熊的周末》案例中，我们插入"狼小偷"的角色，设置动作为"说话"，点击角色编辑打开对话框。点击播放进行预览可以发现，最初狼小偷是面向正前方说话，然而在第 3.3 秒时，转向了右侧，对于动画效果而言，如果循环播放狼小偷完整的说话动作，则会导致角色不断地更换说话的方向，向前、向右、向前、向右……显然，这并不是我们想要的效果，我们只需要狼小偷一直面对正前方说话，因此，截取第 0 ～ 3.3 秒的部分循环播放。具体操作方法为：调整蓝色播放块两端的控点，左边控点代表起始位置，可保持不变，右边为结束位置，拖动到 3.3 秒左右的位置，两控点之间的深蓝色区域则表示裁剪后留下的部分。调整后再次点击【播放】进行预览，确认无误后点击【确定】，如图 5-7、图 5-8、图 5-9 所示。再在说话动作后的环形的箭头中选择循环播放，就可以实现狼小偷一直面向正前方说话的效果。

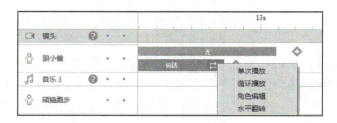

图 5-7　角色编辑

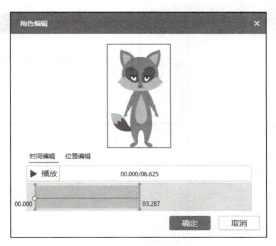

图 5-8　面向正前方说话　　　　　　　图 5-9　动作裁剪

第二节　角色怎么说话？

在《小熊的周末》作品案例中，角色实现了多种方言的转换。那么在实际操作过程中，有哪些方法可以让角色开口说话呢？

一、语音合成

语音合成是利用科大讯飞提供的语音技术实现文字到声音的转变。我们可以在时间轴上方，单击【语音合成】，或按快捷键"shift+T"进入语音合成的操作面板，如图 5-10 所示。

图 5-10　语音合成

在语音合成面板中，首先输入需要转换为声音的文字。需要注意的是，由于英文和普通话是由不同的角色朗读，因此，当一句话既包含汉字也包含英文时，应该将两者拆分，选择不同的角色朗读。

如果合成的声音想要在其他场景中应用，则可以点击下载，保存为 MP3 格式，如图 5-11 所示，点击【应用】后，在时间轴上自动增加了一条音乐轨道。同样，如图 5-12 所示，双击音乐轨道两端的滑块，可以对该音乐的入场、退场动画进行修改。但是，一旦点击应用合成语音后，就无法再对内容及语言进行修改，如果需要修改语音内容，只能删除当前语音，重复刚才的步骤，重新合成。因此，在应用之前必须试听，选择最适合的语言及语调。

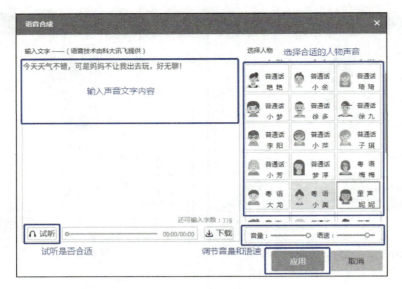

图 5-11 语音合成操作

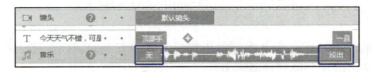

图 5-12 声音轨道

二、录音

除了通过语音合成，万彩动画大师也提供了录音的功能，如图 5-13 所示，我们可以点击时间轴上方的【录音】或快捷键"Shift+R"启用录音功能。启用后，在屏幕的中间会出现一个红色的麦克风标志，点击红色麦克风，倒数三秒后进入录音。

图 5-13 录音

录音前，需将播放块放置到所要插入录音的地方，并在一个较为安静的环境下进行录制。

录音结束后，点击停止按钮，在时间轴上方会增加一条录音轨道，屏幕中间出现三个按钮。从左往右依次为：播放、重新录制、应用，如图 5-14 所示。通常，录制完成后，点击播放按钮试听，若没有问题则点击应用，若不够满意则重新录制。需要注意的是，重新录音时，需要将播放块再次滑动到录音需要插入的位置，否则音频将会从播放块所在的位置开始添加。

图 5-14　录音确认

三、录音的编辑

　　录音时，有时候会出现前面一部分还没有准备好，录入了一些杂音或长时间沉默的情况；而在我们加入背景音乐时，也常常只需要其中的一小部分。遇到这样的情况该怎么办呢？我们当然不需要采用专门的声音编辑软件进行剪辑，而是使用万彩动画大师自带的声音编辑器就可以快速实现。

　　Step 1：双击时间轴上所需要裁剪的声音素材，打开声音编辑器操作面板，如图 5-15 所示。

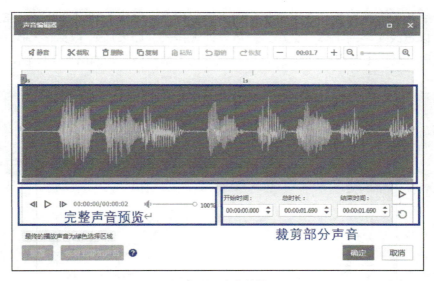

图 5-15　声音编辑

　　Step 2：对声音进行编辑。

　　在声音编辑器操作面板中，可以对选取的声音执行"静音""截取""删除""复制"操作，在中间的编辑区中，左右各有两个黄色的控点，左边的控点表示开始时间，右边控点表示结束时间，两个控点之间表示声音的总长度。点击控点左右拖动，可以更改声音开始和结束的时间，中间形成的绿色区域则为裁剪的部分。

　　在声音编辑器操作面板底部，左边区域显示完整声音信息，点击左边播放按钮预览完整声音；右边区域显示裁剪部分声音信息，点击右边播放按钮预览裁剪后的声音片段。

　　Step 3：确认应用。

　　裁剪后预览无误，点击确定。原来的声音轨道蓝色滑块长度变短，只留下裁剪后的声音。

四、字幕的制作

在《小熊的周末》案例中，由于语句较为简单，并没有加入字幕。那么，如果我们想要为每一句话配上字幕怎么做呢？

万彩动画大师提供了一个专门制作字幕的工具，在时间轴上方，有一个【字幕】的按钮，点击它，就可以打开隐藏的字幕轨道。

当没有加入任何字幕时，字幕轨道的初始状态是空白的，点击轨道上的  ，就可以添加字幕，如图 5-16 所示。

图 5-16　添加字幕

打开字幕的操作面板，在字幕框中输入文字内容，最多不超过 800 字。在文字设置部分，可以更改文字的字体、大小、颜色、外观样式。如果加入了多个字幕，完成对文字的设置后，点击【应用到所有】，即可一键统一字幕的格式，如图 5-17 所示。

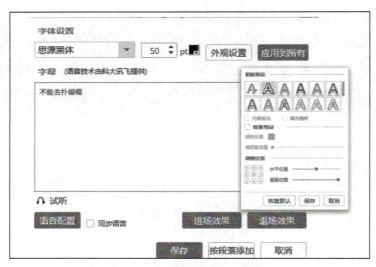

图 5-17　字幕设置

对文字的基本属性进行设置完成后，可以根据需要选择文字的进场效果和退场效果，完成后，点击保存，在字幕轨道上便多了一个绿色滑块，便是所添加的字幕，同样，通过拖动滑块的位置，可以改变字幕出现的时间。

如果有一大段话要做字幕，除了一句一句添加，还可以一次性添加：在字幕面板的下方，有一个【按段落添加】的按钮，即可实现。

以《小熊的周末》第一段话为例："今天天气不错，可是妈妈不让我出去玩，好无聊。"这段话包含三小句，需要做成三条字幕。倘若我们直接把文字复制过去保存，将会出现如图 5-18 所示的情况，文字过长。而如果我们将每一小句放在一行，点击【按段落添加】，那么每一行则会自动添加成为一个单独的字幕，如图 5-19 所示。

图 5-18　按段落添加 1

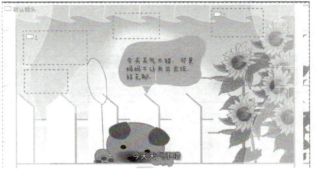

图 5-19　按段落添加 2

五、字幕的语音合成

在字幕面板中，还有【语音配置】的按钮，它有什么功能呢？顾名思义，其功能和【语音合成】是相似的，能够自动为字幕内容配置语音。点击【语音配置】，同样可以选择声音角色，调整语速语调。

在《小熊的周末》案例中，我们选择"童声 - 妮妮"，语速调为 80%，试听后，勾选"同步语音"，如图 5-20 所示，同步语音的功能在于使得字幕和声音出现的位置和时间同步。

点击【确定】后，在字幕轨道上添加了一个绿色滑块，下方对应位置增加了一条音乐轨道，即字幕所对应的语音，修改音乐轨道名称为"语音 1"，如图 5-21 所示。

在万彩动画大师中，一共提供了三种让角色说话的方式，分别为语音合成、录音、字幕中语音配置。在不需要字幕时，使用语音合成就足够；当需要真实自然的声音时，可以采用录音的方式；当既需要字幕，又需要语音时，使用字幕中的语音配置最为方便。

图 5-20　同步语音

当添加语音时，如果出现场景时长过短，则会弹出以下对话框，只需点击确定，自动添加时长即可，如图 5-22 所示。

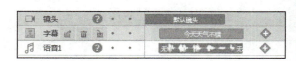

图 5-21　字幕轨道

图 5-22　延长场景时长

第三节　小熊的周末：案例欣赏与跟做

万彩动画大师的教学应用非常广泛，由于其丰富的素材资源和炫酷的动画效果，使用万彩动画大师制作的视频总是能以美观、精致又有动感的方式呈现教学内容，从而吸引学生的注意。下面，扫描如图 5-23 所示的二维码，我们一起来欣赏和制作这个万彩动画小视频吧！

图 5-23　案例赏析《小熊的周末》视频

在《小熊的周末》作品案例中，我们可以发现，给定的角色脚本语言非常简单，就是一组对话：

小熊：今天天气不错，可是妈妈不让我出去玩，好无聊，唉！不能去扑蝴蝶，不能和小兔子赛跑，也不能找熊妹妹玩。

狼：不如我们做个游戏吧。

这个对话画面感很强，有空间的转换，非常适合使用万彩动画大师场景中的镜头转换来实现。设计方面，作品整体风格明快，以蓝色和黄色为主，颜色亮丽，色彩搭配上给人愉悦之感，符合人们对于周末的心情期许。内容方面，画面与内容相呼应，当小熊感到无聊时，出现的是小熊趴在窗台上无精打采的画面；当小熊想到扑蝴蝶时，出现的是小熊在草地上扑蝴蝶的画面，当小熊想到小兔子、熊妹妹时，也出现了相应的画面，给人较强的代入感。动画方面，多种动画效果相结合，人物角色动作丰富。语音方面，采用了自带的多种方言，诙谐幽默。尽管只有短短17秒，却在一个场景中实现了多个镜头的转换，多种语言的输出。

有趣的是，这个动画还可以续写，以体现它的教育意义，比如加一个场景，配音是"就这样他俩玩了一天，同学们可千万别学他俩"。我们一起来实现这个有趣的动画吧！

一、镜头分析

我们已经知道在时间轴中可以添加镜头，知道了镜头与场景的区别，那么我们不难发现，在作品案例中一共有5个镜头，对应如图5-24所示的五个虚线框。最大的虚线框为默认镜头，即打开万彩动画大师默认的画面大小。在默认镜头后，依次加入镜头1、镜头2、镜头3、镜头4，当动画播放到镜头1时，画面会切换到镜头1虚线框的位置，从而实现画面的推进与转换。

图 5-24　镜头全局

在作品案例中的五个镜头分别如图 5-25 ～图 5-29 所示：

图 5-25　默认镜头小熊独白

图 5-26　镜头 1 扑蝴蝶

图 5-27　镜头 2 和小兔子赛跑

图 5-28　镜头 3 和熊妹妹玩

图 5-29　镜头 4 做游戏

　　将每一个画面的内容与图 5-24 所示的虚线框进行对比，镜头 1 ～镜头 4 的背景与虚线框选的内容是基本一致的，每一个镜头的画面对应一段话的内容：在默认镜头中，插入 SWF 动画以及气泡和文字，在镜头 1 中加入一个角色与草地，在镜头 2 中，加入两个角色，在镜头 3 中，加入角色与 SWF 动画，在镜头 4 中，加入角色、气泡、文字与动画组件"玩具盒"。

　　至于如何增减镜头，万彩动画大师提供了非常简洁的方法。我们只需要点击镜头轨道上默认镜头后的"✦"就可以增加镜头，选中镜头通过拖拽实现镜头大小和位置的调整，如图 5-30 所示；如果需要删减镜头，选中需要删除的镜头，单击右键，选择"删除镜头"，或选中后，直接按键盘上的"Delete"进行删除。

图 5-30　增加镜头

二、默认镜头——小熊独白的制作步骤

这个镜头要呈现的是闷闷不乐的小熊、对话框、语音、文字。

首先我们来设置场景为：空白场景。具体分解步骤如下：

Step1：在元素工具栏中找到 SWF 动画，在搜索框中输入"窗帘"进行搜索，点击左键选择第一个动画，并在画布中调整元素的位置和大小，使它充满整个画布，如图 5-31 所示。

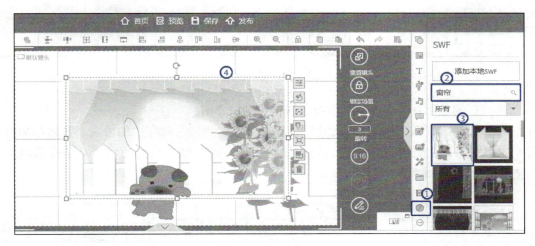

图 5-31　添加动画

Step2：在时间轴上修改 SWF 动画入场效果为"无"，退场效果为"一直显示"，如图 5-32 所示。

图 5-32　修改动画

Step3：插入气泡，调整气泡在屏幕中的位置。

Step4：在时间轴上调整气泡的入场时间，设置气泡入场动画为"向上展开"，退场动画为"一直显示"，如图 5-33 所示。

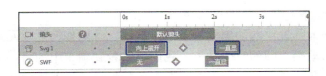

图 5-33　修改气泡动画

Step5：插入文字，编辑文字内容，如图 5-34 所示，更改文字颜色、大小，设置入场动画为"顶部手型"，退场动画为"一直显示"。

图 5-34 插入文字

Step6：角色配音，后面专门学习，这里暂不做介绍。

Step7：插入音效"唉"。点击音乐，添加音乐，找到音效存放的位置。音乐添加时，需要先进行转码，选择开始转码，转码结束后，在时间轴上会自动增加一条音乐轨道，调整滑块位置，如图 5-35 所示。

图 5-35 添加音效

在操作中，我们已经使用了多种不同的进场动画效果，如气泡的"向上展开"，文字的"顶部手型"等，从而使得画面更具动感、更酷炫。

但是万彩动画大师提供的动画效果远不止这些，我们如何更改元素进入或退出场景的动画呢？在万彩动画大师的时间轴上，我们可以看到画布中的每一个元素都有一条对应的轨道，在每一条轨道上，都至少有两个蓝色的滑块，最左边的滑块表示元素进入场景的动画，最右边的滑块表示退出场景的动画，通过双击蓝色滑块，可以对元素动画效果进行更改，如图 5-36 所示。而在两个滑块之间有一个"＋"，点击"＋"可以为元素增加更多的动画，在入场和退场中间增加的动画称为强调动画。

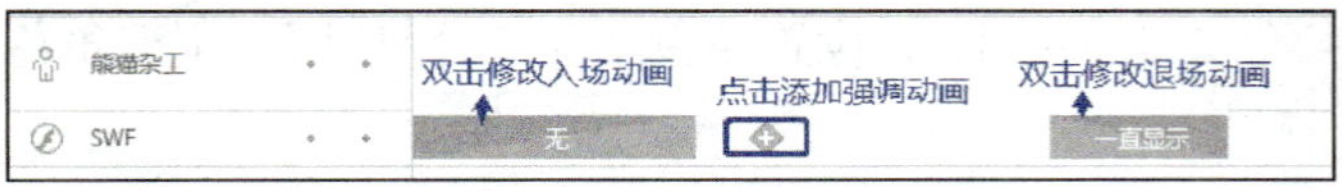

图 5-36　修改动画

　　在万彩动画大师中，如图 5-37 所示，有一个特殊的入场动画"无"，表示没有入场动画，当一个元素入场不需要任何动画时，则可以选择"无"，同时，也有一个特殊的退场动画"一直显示"，表示元素在场景中一直显示，不退出。

图 5-37　入场动画

三、镜头 1——扑蝴蝶的制作步骤

　　这个镜头要呈现的是扑蝴蝶的小熊和草地。在这里，我们使用到一个前景的概念。前景指的是出现在画面最上层的元素，也就是说前景可以遮盖掉下面的所有元素。在上文分析镜头时，我们也不难发现，在镜头 1 扑蝴蝶中，除角色以外，还加入了草地的元素，在这里，草地就是整个画面的前景，能够遮盖对应位置的背景。前景的作用通常用于环境的布置。同样，在前景轨道上点击 ✚，将我们需要的元素作为前景，在万彩动画大师的素材库中，有大量的前景可供选择。这些前景素材均为透明背景的视频，较为常用的有天空、星光、植物、边框等。在我们的作品案例中，使用的是植物类别中"苍翠碧绿"的前景。

　　需要注意的是，在提供的前景素材中，并不是所有素材都是免费提供的，部分写有"个人版""教育版""企业版"的素材表示只有购买相应的 VIP 版本才能够使用。

　　具体分解步骤如下：

　　Step1：添加镜头 1。在合适的背景图画上，在镜头轨道上点击 ✚，添加镜头，如图 5-38 所示。在时间轴上将镜头 1 的滑块拖动到音效结束之后。

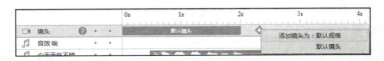

图 5-38　添加镜头

Step2：插入角色"熊猫杂工"，设置角色动作"扑蝴蝶"，调整角色在场景中的位置，如图 5-39 所示。

图 5-39　插入角色

Step3：如图 5-40 所示，点击前景轨道上的 ✚，如果没有前景轨道，则点击时间轴上方的【前景】，调出前景轨道。在植物轨道上选择"苍翠碧绿"，拖动滑块调整位置。

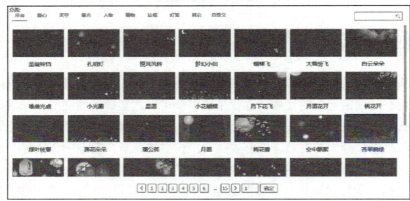

图 5-40　插入前景

Step4：角色配音。

四、镜头 2——和小兔子赛跑的制作步骤

这个镜头要呈现的是小熊和小兔子赛跑的场景。

具体分解步骤如下：

Step1：添加镜头 2。在合适的背景图画上，在镜头轨道上点击 ✚，添加镜头。

Step2：插入角色"熊猫杂工—奔跑"和"兔子飞行员—奔跑"，调整两个角色的位置及入场动画，如图 5-41 所示。

图 5-41 插入熊猫和兔子

Step3：角色配音。

五、镜头 3——和熊妹妹玩的制作步骤

这个镜头要呈现的是小熊躺在沙滩椅上幻想和熊妹妹玩耍。

具体分解步骤如下：

Step1：添加镜头 3。在合适的背景图画上，在镜头轨道上点击 ➕，添加镜头。

Step2：插入 SWF 动画，调整动画在场景中的大小及位置。

Step3：插入角色"熊猫杂工—太阳伞下睡觉—有穿戴"，如图 5-42 所示。

Step4：角色配音。

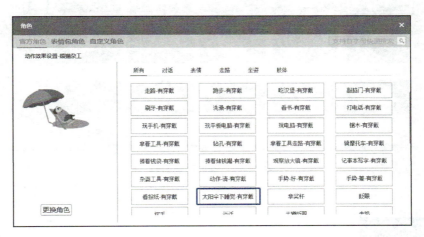

图 5-42 插入熊猫

六、镜头 4——做游戏的制作步骤

这个镜头要呈现的是狼小偷用玩具盒做游戏的场景。具体分解步骤如下：

Step1：添加镜头 4。在合适的背景图画上，在镜头轨道上点击 ➕，添加镜头。

Step2：在镜头 4 中插入角色"狼小偷—说话"，如图 5-43 所示，文字、气泡，并给角色配音，分别设置角色、文字、气泡的动画效果与位置。

Step3：如图 5-44 所示，添加动画组件，在可爱卡通类别中选择"玩具盒"，调整位置和大小，更改入场方式为"炫酷入场"。

图 5-43　狼小偷

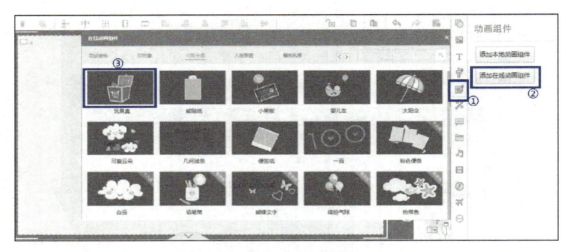

图 5-44　添加动画组件

七、预览和发布

Step1：在发布之前，首先进行预览，如图 5-45 所示，如果发现时间轴后面有空白，则点击时间轴上的减号减去空白部分，直至出现溢出，如图 5-46 所示，点击确定。

图 5-45　预览

图 5-46　减少多余时间

Step2：预览无误后，则可点击"发布"，输出视频。

第四节　回顾与练习

"台上一分钟，台下十年功"。做一个动画类视频也是如此，短短一分钟的内容，却需要制作者精心地设计、细心地调整、耐心地制作。我们来回顾一下这个案例的制作过程吧！

一、设计动画要求

本案例的动画脚本设计了一组对白：

小熊：今天天气不错，可是妈妈不让我出去玩，好无聊，唉！不能去扑蝴蝶，不能和小兔子赛跑，也不能找熊妹妹玩。

狼：不如我们做个游戏吧。

要求：包括一个场景，五个镜头，用音效叹息声表达"唉"，背景音乐等。但不限于以上元素。

二、脚本分析与镜头设计

根据脚本内容，我们可以将动画分为五个镜头：

镜头 1：小熊的内心独白。

镜头 2：小熊扑蝴蝶。

镜头 3：小熊和小兔子赛跑。

镜头 4：小熊和熊妹妹玩。

镜头 5：狼和小熊做游戏。

三、动画制作

Step1：新建空白项目—插入 SWF 动画—调整该动画为镜头大小，并修改 SWF 动画的入场效果和退场效果。

Step2：插入气泡作为对话框，调整气泡在屏幕中的位置，设置入场动画和退场动画。

Step3：插入文字，编辑文字内容，更改文字颜色、大小，设置入场动画和退场动画。

Step4：给小熊配音，通过语音合成，输入文字内容，选择人物"童声妮妮"，语速调为 80%，修改轨道名为"今天天气不错"，移动时间轴上的滑块，与文字入场对齐。

Step5：插入音效"唉"。

Step6：添加镜头，调整镜头的位置。

Step7：插入角色"熊猫杂工"，设置角色动作"扑蝴蝶"，调整角色在场景中的位置及动画效果。

Step8：添加前景，调整前景的位置。

Step9：语音合成，输入文字内容"不能去扑蝴蝶"，选择声音为"湖南小强"。

Step10：添加镜头 2，调整位置和大小。在镜头 2 插入角色"熊猫杂工—奔跑"和"兔子飞行员—奔跑"，调整两个角色的位置及入场动画。

Step11：语音合成，输入文字内容"不能和小兔子赛跑"，选择声音为"河南小柯"。

Step12：添加镜头 3，调整位置及大小。在镜头 3 中插入 SWF 动画，调整动画在场景中的大小及位置。

Step13：插入角色"熊猫杂工—太阳伞下睡觉—有穿戴"，语音合成"也不能找熊妹妹玩"，选择声音为"粤语大龙"。

Step14：添加镜头 4，调整位置和大小。在镜头 4 中插入角色"狼小偷—说话"，文字、气泡，语音合成"不如我们做个游戏吧"。分别设置动画效果与位置。

Step15：添加动画组件"玩具盒"，调整位置和大小，更改入场动画。

四、发布动画

发布动画前，先进行预览，确认无误后，点击发布，输出为视频。

经过四个程序，一个简单的动画就完成了。在这个作品中，我们使用到的功能有：添加镜头、添加角色、语音合成、添加音乐、添加前景、动画设置、添加 SWF 动画、添加气泡、添加文字等。那么万彩动画大师还有哪些功能？试着用思维导图把它们分类列出来吧！

常见问题答疑

在制作过程中，你是不是也会遇到许多问题呢？教你一些小技巧，快来看看吧！

Q1：如何给整个视频加入一个背景音乐呢？

A1：在场景编辑区【新建场景】的右边，有一个音乐的图标 ⊕ 新建场景 🎵，点击图标即可插入背景音乐。

Q2：如果我想改变动画播放的速度应该怎么做呢？

A2：如果在预览的时候想要快速或慢速播放，可以点击时间轴上方的【播放速度】，如图 5-47 所示，万彩动画大师提供了几种播放速度可供选择，但需要注意的是，这里调整的速度，仅限于预览时的播放速度，在发布视频后，是会保持原始正常速度的。如果希望得到一个加速或减速的视频，可以使用我们前面学过的格式工厂或者后期将要学习的 CVS 进行调整。

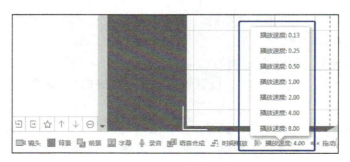

图 5-47　播放速度调整

Q3：添加了很多字幕，但最后发现效果不好，能不能一键清除呢？

A3：当然可以了，而且方法很简单。您可以选择使用快捷键一键清除字幕。按住【Ctrl+M】会弹出【清除字幕】的小窗体，点击【是】，该动画视频里面的全部字幕都会被清除，如图5-48所示：

图 5-48　清空字幕操作

如果想进一步熟悉和深入地学习万彩动画大师，可以进入万彩动画大师的官网（http://www.animiz.cn/），在【教程】中有大量的图文和视频教学，也可以打开万彩动画大师客户端，在菜单栏【帮助】的子菜单【视频教程】中详细学习。

练习提高

练习要求：

利用所学的万彩动画大师知识，选取学科某个内容，制作一个简单的动画微课视频。要点：

（1）至少包含一个场景及五个镜头；

（2）至少插入5种在线素材，包括角色、图片、图形、SWF动画等；

（3）包含背景音乐、语音合成；

（4）包含片头片尾、课程导入、内容讲解、总结练习；

（5）时长不少于2分钟；

（6）导出为mp4视频。

第六章

视频类微课制作（上）：摄录编导自己来

前面我们学习了两种微课制作方法，第一种是先做 PPT，再输出视频微课，第二种是用专业的动画软件万彩动画大师制作生成。这一章开始我们学习第三种类型微课的制作方法，即视频编辑合成类的微课制作。我们会用到专门的视频编辑软件来对视频片断以及视音频素材进行合成加工，包括捕获、剪接、转场、特效、覆叠、字幕、配乐，到刻录输出一系列步骤。我们从多个软件中对比选择出了难度适中、功能强大的会声会影软件。我们会先从简单的拍摄技巧介绍开始，过渡到会声会影的基本界面学习，特别是视音频轨道和时间轴的核心概念，掌握文本、图片、视频、音频等素材添加到轨道上的简单编辑。通过本章的入门学习，你将慢慢进入到摄录编导集于一身的角色中，体悟"台上一分钟，台下十年功"的技术精进魅力！

第一节　拍摄技巧 ABC

一、拍摄技法

许多教师自己拥有手机和 DV，那么如何能拍出专业的水平呢？这就需要学习一些简单的摄录技巧。主要有取景和镜头的运动手法。取景就是画面的范围大小；镜头的运动手法可以用"推拉摇移甩跟"几个字概括。

1. 景别

景别是摄影的基本知识，要想学好摄影，首先需要识别不同的景别。景别是依据被拍摄的主体在画面中所占的比例大小而区分的，在拍摄时，通过改变摄影机和被摄主体的距离或者改变焦距两种方法来改变景别，不同的景别所表达的含义是不同的，景别的恰当应用能使画面更具表现力。景别一般分为远景、全景、中景、中近景、近景和特写六种，这里不做详细介绍。

图 6-1　三脚架

2. 三脚架的使用方法

在使用 DV 进行拍摄时，手持 DV 经常会出现画面抖动，为了保持画面的稳定性，经常需要借助三脚架来拍摄，如图 6-1所示。

三脚架的使用方法步骤如下：

Step1：将三脚架上的板扣打开，将三个脚管撑开，保持水平状态，再将板扣扣紧，防止脚管松动。三脚架的一个脚管可以分为多节，可以通过板扣控制每一节的缩放，从而调节三脚架的高度。

Step2：将三脚架上方的快装板安装在相机底部，通过螺丝固定，再将快装板滑入云台，旋紧右侧旋钮。

Step3：调整三脚架云台上的水平仪，保持水平，开始拍摄。

Step4：拍摄完成后，先将相机卸下放回相机包，再调整三脚架的板扣，将三脚架折叠放置。

3. 视频拍摄注意事项

（1）真人出镜画面的录制。

在录制教师的授课画面时，要注意这样几个事项：

① 背景简洁干净，服装颜色尽量纯色，且与背景色互补，总体着装不要超过三种颜色；

② 录制视频的环境要安静、不要有噪音，光线要好；

③ 录制过程中不要抖动；

④ 注意自己的仪表仪态，略带微笑，着装整洁；

⑤ 眼睛平视摄像头，不要眼神闪烁，可以在镜头前方放置目标物，集中注意力；

⑥ 课程开始时，要向学生介绍主讲老师本人的情况，让学生尽快了解教师；

⑦ 录制微课时声音要柔和平缓，语调不能尖锐，保证学生学习的热情；

⑧ 适当提问，自问自答，与学生有虚拟互动，灵活使用多样化的提问策略促进学生思考；

⑨ 每一个微课程结束时要有一个简短的总结和小测验，帮助学习者梳理思路，强调重点和难点。

（2）手机拍摄类微课。

手机拍摄是教师最方便使用的制作微课的方法，看似简单，还有不少需要格外注意的地方。通常我们运用手机加白纸来录制微课，要按以下步骤进行：

Step1：在录制之前，要保证我们的手上没有佩戴任何的配饰，包括戒指、手表等，防止对学生造成干扰；

Step2：保证拍摄地方的光线充足，然后在干净的桌面上放一张白纸，将白纸的四周用胶带固定；

Step3：将手机支架固定好，打开手机的录像功能，将手机固定在手机支架上，横屏放置，屏幕朝上，摄像头朝下，调整到摄像模式，将手机镜头对准白纸，尽量避免周围的杂物进入到画面中，准备好之后点击开始录制；

Step4：在手指点到开始录制之后，手机会有轻微的晃动，倒数 5 秒等画面稳定之后再开始讲解；

Step5：在讲解过程中，头和手指不要挡住镜头，使镜头中能够清楚地看到我们绘制的过程；

Step 6：在白纸上用笔进行绘制，同时讲解，如果担心有讲解杂音，可以采用另外一台手机开启录音模式，在讲解完成之后等待几秒钟，再点击手机的结束录制，这样简易的"手机＋白纸"类型的微课就录制完成了。

视频拍摄好后可以用格式工厂简单加工，也可以作为素材用会声会影来编辑合成到最终的微课中。目前许多手机 App 可以让您拍摄的时候同时对视频进行简单标注、美化等，这里我们推荐"小影"和"微视"，您可以在手机应用市场中找到，下载安装使用。

二、视频编辑软件对比

在电脑端，我们安装视频编辑软件，更方便对素材的加工。常用的编辑软件除了前面提到的喀秋莎，还有几款软件可供选择，如表 6-1 所示，会声会影功能强大，难度适中，我们下一节以它为主，来介绍如何编辑微课视频。

表 6-1　会声会影 /Premiere/EDIUS/ 快剪辑视频编辑软件对比

	会声会影	Premiere	EDIUS	快剪辑
软件介绍	会声会影是一款功能强大的视频编辑软件，用于剪辑和合并视频、制作视频、屏幕录制、光盘制作等，无须专业的视频编辑知识，任何人都能快速上手	Adobe Premiere Pro 功能完备，非常灵活，是处理 Web、电视和专题制作素材的最佳视频编辑软件，可以修剪、编辑、应用过渡和效果、调整颜色，以及添加标题和图形	EDIUS 是一款功能丰富、速度较快的非线性编辑软件，可制作纪录片和 4K 的戏剧作品。EDIUS Pro 9 具有创造性的选项，能够实时、无渲染编辑流行的标清、高清，甚至 4K 格式	快剪辑免费版是由 360 推出一款功能强大、操作简单。免费版快速高效，可对视频添加特效字幕、水印签名等
支持的电脑系统	Win7/Win8/Win10	Win7/Win8/Win10/macOS	Win 7（64 位）SP1, Win 8.1（64 位），Win10（64 位）	Win7/Win8/Win10/IOS/Android
插件	不支持	支持插件使用	支持插件使用	不支持
难易程度	☆☆☆	☆☆☆☆	☆☆☆☆	☆☆
最新版本	会声会影 2019	Adobe Premiere Pro 2019	EDIUS Pro 9	快剪辑 v1.2.0.4106

关于拍摄技巧，您可以继续深入学习中国大学 MOOC 的《走进数字媒体》，它是职教 MOOC 建设委员会自 2016 年开设的，到现在已开课八次，课程内容丰富（https://www.icourse163.org/course/HEPSVE-1001735001?tid=1001822003）。

第二节　视频微课要怎么编辑：初识会声会影

一、会声会影软件介绍

会声会影是加拿大 Corel 公司制作的一款功能强大的视频编辑软件，英文名 Corel Video Studio（简称 CVS），是一款操作简单、功能强大的视频编辑软件。会声会影编辑模式从捕获、剪接、转场、特效、覆叠、字幕、配乐，到刻录，全方位剪辑出好莱坞级的家庭电影。它具有酷炫的 128 组影片转场、37 组视频滤镜、76 种标题动画等丰富效果。该软件具有成批转换功能与捕获格式完整的特点，虽然无法与 EDIUS、Adobe Premiere、Adobe After Effects 和 Sony Vegas 等专业视频处理软件媲美，但以简单易用、功能丰富的风格赢得了良好的口碑，在国内的普及度较高。

会声会影的中文官网为：http://www.huishenghuiying.com.cn/。官网提供了软件 2019 版和 2018 版的下载。两个版本均不支持 XP 系统，2019 版（也叫 X9）仅支持 64 位操作系统。本书使用的是 X9 版本，需要购买序列号，适用于 Windows 10、Windows8 及 Windows7 等操作系统。

二、捕获工作区

会声会影操作界面有三个功能：捕获、编辑和分享。捕获和编辑功能界面都各自有三个窗口，如图 6-2 所示，操作的时候三个窗口都可以通过拖动窗口左上角，拉出为一个独立的操作窗口，如需要还原位置有三种方法：一是可以直接拖拽到合适的位置，二是按下功能键 F7，三是在选中菜单栏的"设置"—布局设置，切换到默认即可。

图 6-2　会声会影界面

在视频捕获界面中，X9 为用户提供了五种视频捕获方式，分别是捕获视频、DV 快速扫描、从数字媒体导入、定格动画以及屏幕捕获。

- 捕获视频。将笔记本电脑自带的摄像头开启录制视频并导入素材库中或者打开电脑已有的视频素材。
- DV 快速扫描。扫描您的 DV 文件并选择想要添加到影片的场景。
- 从数字媒体导入。从光盘或从硬盘中添加媒体素材或从与电脑连接的摄像机导入视频。
- 定格动画。使用从照片和视频捕获设备中捕获的图像制作即时定格动画。
- 屏幕捕获。可录制电脑桌面一切画面、声音（或系统音频），包括计算机操作和鼠标的移动，也就是录屏。

这里详细介绍屏幕捕获操作设置，在进行实际的屏幕捕获之前，请确保打开您要录制的课件、网络视频或其他要记录的屏幕画面。

　　Step1：打开屏幕捕获设置对话框。双击启动会声会影软件，点击主界面窗口顶部的捕获，进入捕获面板，在五个功能列表中，选择屏幕捕获，弹出设置对话框。包括区域选择和操作设置，点击"设置"按钮，即可展开操作设置，分为文件设置、音频设置、控制设置和监视器设置四部分。

　　Step2：捕获区域选择。在捕获区域周围会显示绿色框线，区域内部的内容为原色显示，区域外部为灰色显示。在区域设置中，可以设置全屏，即将整个屏幕中呈现的内容都完整地捕获。也可设置自定义捕获区域，通过输入宽高数值来指定捕获区域或者点击图标，手动绘制区域。

　　注意：捕获区域的内容尽量保持干净，只保留主体内容，无关要素不要包含其中。如在进行全屏捕获时，需要先将无关的输入法图标等关闭。进行屏幕录制过程中，尽量减少鼠标在屏幕中的乱动，使用键盘上的"上下左右"键对内容进行课件的翻页操作。

　　Step3：文件设置。在文件设置中，可以对捕获的视频文件的名称及保存位置进行详细设置，便于查看。勾选"捕获到素材库"，默认情况下，屏幕捕获保存在"素材库"的样本文件夹中，方便在捕获完成后，直接在编辑界面进行编辑，省略导入的步骤。文件的其他设置保持默认即可。

　　Step4：音频设置。音频的设置是至关重要的。主要分为声音设置和系统音频设置两部分。

图 6-3　声效检查

　　声音：录制计算机外部的音频。在视频录制时候，如果需要录制画外音，就需要将"声音"开关打开，如图 6-3 所示，在"声音"选项右侧的两个按钮，"I"代表启用，"O"代表禁用。单击字母"I"，呈现黄色时，就代表已启用声音录制。单击声效检查按钮测试声音的输入，通过记录，检测录制的外部讲解音是否清晰。

　　系统音频：计算机内部声音。如果我们需要录制的视频本身包含声音，就需要将系统音频打开，即单击系统音频右侧的字母"I"，使其呈现黄色，否则将其关闭。

　　注意：在进行计算机外部讲解音频录制时，最好保持周围环境安静；如果只录制外部讲解旁白音，最好将系统音频关闭，减少计算机电流声的干扰；如果只录制计算机内容声音，尽量将声音关闭，减少外部环境的嘈杂声。

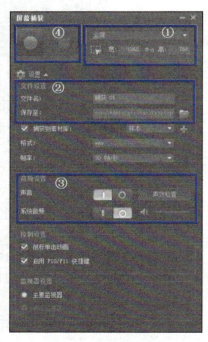

图 6-4　屏幕捕获设置

　　Step5：开始／停止捕获。在设置完成后，打开要录制的内容，点击红色按钮，在三秒倒计时后开始捕获，暂停／恢复录制的快捷键为 F11，停止录制的快捷键为 F10。捕获结束后，会自动返回工作界面，它已在指定的自定义保存文件夹存储下来，您也可以在编辑界面的"样本"素材库中找到视频，在时间轴进行编辑，如图 6-4 所示。

三、编辑工作区

打开会声会影时，编辑工作区作为默认工作区出现。编辑工作区和时间轴是会声会影的核心，可以将视频、图像、音频、字幕等拖到时间轴上，进行编辑，合成一个视频作品。编辑工作区分为播放器、素材库和时间轴三大面板和菜单栏，如图 6-5 所示。

图 6-5　编辑面板图

1. 播放器面板

位于左上角，包括预览窗口和导览区。预览窗口显示当前项目或素材正在播放的视频。项目是文件所有轨道在一起合成的效果，素材仅仅是选中的一段素材的播放效果，二者可以通过播放 控制栏来切换。下方的导览区域提供回放和精确修整素材的控件。

（1）滑轨 。

在项目或素材的进度条之间拖曳，快速定位要预览的位置。

（2）项目 / 素材模式 。

指定预览整个项目或预览所选素材。

（3）分割素材 。

将滑块放在您想要分割素材的位置，然后单击此按钮，可以实现对素材的裁剪。

（4）时间码 00:00:17.14 。

素材 / 项目中滑块当前所在位置的时间。

2. 素材库面板

存储微课创建所需的全部媒体素材，包括视频、图片和音乐类型的素材，还包括模板、转场、标题、图形和滤镜的存储。

（1）创建媒体文件夹。

导入的素材默认存放在样本文件夹中，为了素材的分类存放与管理方便，在导入素材之前，我们可以先在媒体库中新建文件夹。点击"添加"，新建素材文件夹，可对文件夹进行重命名和删除。选中文件夹（文件夹字变为黄色），再导入素材。

注意：您可以创建自定义文件夹，将您的个人素材与样本素材分开，比如这个微课视频，需要用到的素材可以分为片头、片头、主体音频、主体视频、主体图片和主体文字等，便于我们随时调入素材编辑，如图 6-6、图 6-7 所示。

图 6-6 新建素材文件夹

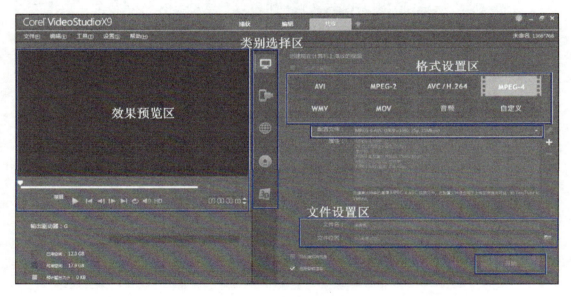

图 6-7 共享面板图

（2）素材的导入。

导入素材有三种方法。

方法一：点击素材库的导入媒体文件图标，找到素材并导入。

方法二：将界面缩小，直接将素材拖入素材库中。

方法三：在素材库空白处右击，插入媒体文件。

（3）素材的显示与隐藏。

在素材上方有三个图标，分别代表视频、图片和音频素材，当图标为黄色时，表示显示状态，当颜色为灰色时，表示隐藏状态。

注意：当按照以上三种方法导入素材后，发现素材没有显示，可以检查图标是否为灰色，如果是，可以点击图标，变成黄色后，导入的素材就从隐藏变为显示状态了。

（4）选中素材库中的媒体素材。

选择一个媒体素材：单击素材缩略图。

选择多个不连续媒体素材：按住键盘上的 Ctrl 键，然后一个一个单击媒体素材的缩略图。

选择多个连续媒体文件：单击起始素材的缩略图，按住键盘上的 Shift 键，再单击序列中的最后一个素材缩略图。

（5）删除素材库中的媒体素材。

选中素材缩略图，当缩略图周围出现灰色边框时，按住键盘上的 Delete 键删除，或者右键删除。

3. 时间轴面板

时间轴是组合视频项目中的媒体素材的位置。时间轴内容我们在稍后详细介绍。

4. 菜单栏

菜单栏分为文件、编辑、工具、设置及帮助五部分，提供了对微课项目及单个素材操作的各种命令及帮助指南。

四、共享工作区

视频编辑完成后，您可以在共享工作区保存和共享已完成的影片。会声会影有多种传输方式供用户选择。您可以直接导出保存在电脑上，也可以导出到移动设备，还可以直接将视频上传到网站与更多人分享您的作品。

五、时间轴的认识

时间轴是影片编辑的核心部件，是影片按时间顺序的图形化呈现，有两种视图类型，故事板视图和时间轴视图。

如图 6-8 所示，故事板视图非常直观，它将项目中的照片和视频素材排列的方式以缩略图的形式在故事板中呈现，可以拖动缩略图对素材进行排序，也可以在素材之间插入转场效果。该视图适合编辑素材不多的微课视频。

图 6-8　故事板视图

时间轴视图为影片项目中的元素提供最全面的显示，将影片项目按视频、覆叠、标题、声音和音乐分成不同的轨道，如图 6-9 所示。

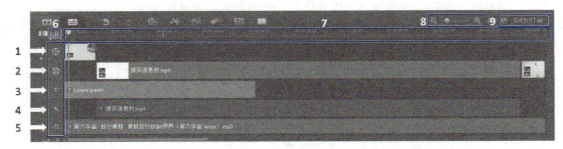

图 6-9　时间轴图

1. 轨道的认识

会声会影时间轴部件如表 6-2 所示。

表 6-2　时间轴各部件及其功能表

序号	时间轴部件	功能描述	CVS X9 版本提供的数量
1	视频轨	有且只有一条。用于存放视频、图片和转场素材	1
2	覆叠轨	可以添加多条轨道，包含覆叠素材，可以是视频、图片和转场	20
3	标题轨	放置标题文字素材	2
4	声音轨	存放画外音素材及分离的音频	1
5	音乐轨	放置背景音乐、音效等素材	8
6	轨道管理器	管理时间轴中的轨道数量	—
7	时间轴标尺	以"时：分：秒：帧"的形式显示项目和素材时间。	—
8	时间缩放按钮	放大和缩小显示时间比例，便于操作	—
9	项目时长	显示影片项目的全部时长	—

需要注意的是，视频轨与覆叠轨是不同的。二者都可以放置视频、图片和转场素材。但区别如下：

（1）视频轨有且只有一条；而覆叠轨可以添加 20 条轨道。

（2）视频轨上面的诸多素材具有自动吸附的特点，后面的素材自动吸附在前面素材之后，素材之间没有空隙；而覆叠轨的素材位置是可以自由移动的。

（3）视频轨的素材自动调整到充满整个窗口；覆叠轨的素材是以默认的小窗口的形式显示，可以手动调整到屏幕大小，如图 6-10 所

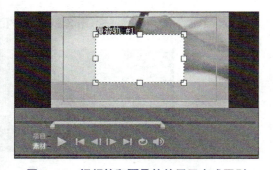

图 6-10　视频轨和覆叠轨的显示方式区别

示，或者在窗口的素材上右键鼠标，选择"调整到屏幕大小"等。

（4）视频轨素材不能添加遮罩和色度键；覆叠轨的素材可以添加。

（5）覆叠轨一直是在画面的最下方，即最底层，视频轨1在覆叠轨的上方，而视频轨2在视频轨1的上方，依次类推。

2. 轨道的操作

（1）启用和禁用轨道。

启用轨道可以对轨道上的素材进行编辑和显示，如图6-11所示，禁用轨道则该轨道被栅格化，无法对素材进行编辑，同时在预览时轨道上的内容不显示。操作方法为单击要显示或隐藏轨道的图标按钮。通常素材较多的情况下，先关闭显示某些轨道，以免干扰，编辑好目标轨道后再显示其他轨道。

图 6-11　启用 / 禁用轨道与轨道管理器

（2）插入和删除轨道。

在默认情况下，视频轨、覆叠轨、标题轨、音频轨和音乐轨各显示一条，默认轨道是不可以被删除的。根据实际情况，如果需要插入 / 删除轨道，有两种方法。

方法一：通过轨道管理器添加 / 删除轨道。只需要点击时间轴左侧轨道管理器图标 ，在弹出的对话框中，从每个轨的下拉列表中指定要显示的轨道数量，单击确定，即可添加或删除轨道。在轨道管理器中，可以看到每个轨道可添加的最大数值，其中视频轨和音频轨只有一条，覆叠轨最多可以添加20条，标题轨2条，音乐轨8条。

方法二：右键添加 / 删除轨道。将鼠标轻轻放在时间轴的轨道图标上，单击右键，即可看到插入轨上方、插入轨下方和删除轨道的选项。

- 插入轨上方：在轨道上方插入同类型的轨道。
- 插入轨下方：在轨道下方插入同类型的轨道。下方的轨道素材会覆盖在上方的轨道素材之上。
- 删除轨道：从时间轴上删除所添加的轨道。

方法三：点击"轨道管理器"图标，调整设置各类轨道的数量。

（3）连续编辑。

使用连续编辑可以在插入或删除素材时保持轨道原有素材的相对位置不变，将启用连续编辑的轨道都固定到一起，不会因添加素材而发生错位，并同步平移，为新插入素材留出空间，提高编辑效率，连续编辑从插入点后开始。此功能特别适用于在影片主体内容编辑完成后，片头视频的插入。

如图6-12所示，"原始时间轴"是所有素材的开始位置，在覆叠轨、标题轨和音频轨启用连续编辑之后，在视频轨插入新的素材，这几个轨道素材保持相对位置不变，且统一平移到插入的新素材时间之后，而音乐轨未启用连续编辑，所以素材位置与开始时保持一致，效果如图6-13所示。

图 6-12　原始时间轴

图 6-13　启用连续编辑且插入素材后的时间轴

应用连续编辑插入 / 删除素材的操作步骤：首先单击启用 / 禁用连续编辑按钮 ；然后单击要应用"连续编辑"的轨道左侧的小锁图标 ，使其变为锁定样式 。此处锁定了 4 条轨道，包括两个视频轨道、文字轨道和声音轨道。最后在覆叠轨插入素材，即可看到该素材插入点之后的上述四条轨道素材都同步向右平移（删除素材，则其他素材同步向左平移），而最下面的音乐轨道因为没有设置锁定，所以位置保持不变。在使用结束后，再次点击按钮 ，禁用连续编辑。

六、视频素材的编辑

素材在时间轴上的编辑，主要包括视频和图片以及文本的编辑，音频素材的加工在后面详细介绍。

1. 视频和图片素材的添加

在对素材进行编辑之前，首先需要将素材插入到时间轴上，并按照一定的顺序排列起来，视频和图片可以插入在视频轨和覆叠轨上。

CVS 可以导入的视频素材格式有：avi、3g2、3gp、c3d、wtv、dvr-ms、gif、m2t、mkv、mov、mp4、m4v、mpg、mpeg、swf、uis、vup、webm、wmv、asf 等；可以导入的图片素材格式有 bmp、gif、jpg、png、tif/tiff、ufp、ufo、clp、cur、dcs、fax、ico、iff、img、mac、mpo、pgm、pic、ppm、psd、sci、tga、wmf 等。

在素材库中选中所需素材，按住拖到对应的时间轴轨道上，或者在素材库中选中所需素材后，右键单击插入在下拉列表中选中对应的轨道，如图 6-14 所示。

2. 视频和图片素材的裁剪

视频和图片素材的裁剪是会声会影的特色功能之一，只需要一个小箭头工具 就可以搞定，难点在于裁剪位置的确定。

图 6-14　右键插入素材法

（1）裁剪视频开始或结尾部分。

方法：在时间轴上单击选中素材，移动时间上的播放指针，或者在素材窗口移动滑轨到要裁减的位置，再单击屏幕左上方导览区下面的小剪刀图标，将视频素材裁为两部分。在时间轨上选取不需要的视频片段，按住 Delete 键删掉即可。

图 6-15 所示是对《咏鹅》微课的封面与目录之间进行分割裁减的示例。

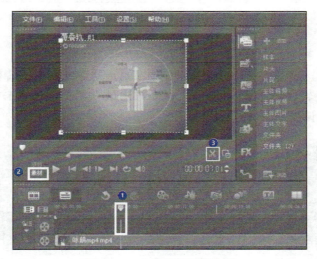

图 6-15　分割裁减视频步骤

注意：

第一，对素材进行操作时，要确保在预览窗口的下方选择"素材"，而不是"项目"，如果选择"项目"就会把所有轨道全部切割了，如图 6-16 所示。

图 6-16　预览窗口中选中"项目"的裁剪效果图

第二，对素材进行裁剪，一分为二，只是时间缩短，画面中的比例等保持不变，也不影响素材的播放速度。

（2）图片素材的裁剪。

在时间轴上插入图片，默认时长为 3 秒，图片素材呈现的时间长短是通过在时间轴上拖拽其两端来改变。

3. 视频素材的选项面板之"编辑"选项卡

选中视频素材，在素材库右下角进行选项设置，包括"编辑"和"属性"两部分，在编辑设置中，可以查看和修改视频的时长、对视频进行左或右旋转、反转为视频设置倒放以及速度 / 时间流逝来实现慢镜头或快放的效果，如图 6-17 所示。

图 6-17　编辑选项

（1）旋转。

选中视频素材，点击选项，打开编辑界面，点击向左或向右旋转视频 ，就可以实现对视频的旋转，如图 6-18 所示。这个方法最常用于手机和 DV 拍摄的视频导入 CVS 之后的第一步调整。

旋转前　　　　　　　　　　　　　旋转后

图 6-18　视频素材旋转前后对比图

图片素材也可以通过上述方法进行旋转设置。

（2）反转。

勾选反转视频，则将视频内容从最后一帧倒着播放。还记得电视剧《西游记》里人参果掉在地上又重回树上的神奇效果吗？水滴溅落之后重回杯子里？还有人倒着走路的？等等。

（3）速度/时间流逝。

在速度/时间流逝对话框中，拖动滑动条，可以设置视频播放的倍速，默认是正常倍速播放，将滑块向右滑动，则播放速度变快，视频时长缩短；将滑动向左滑动，则播放速度变慢，视频时长变长，如果想让视频慢速播放，需要先在时间轴轨道上为加长的视频后端留出足够空间。图 6-19 所示是正常、加快和减慢三种状态的对比。新素材区间表示变速之后视频素材的时长；速度栏中，正常速度是 100%，加快速度 >100%，减慢速度 <100%；滑块在正常位置为原速播放，向左为慢速，向右为快速。

速度/时间流逝还可以通过在时间轴上选中素材，右击的方法进行设置，如图 6-19 所示。

图 6-19　正常速度的参数对话框及三者时长对比

这个方法常用于演示动作的快速播放或慢镜头播放，比如要让观众看清楚写毛笔字时运笔的方法，就要放慢镜头，在"速度/时间流逝"里将速度减小；要简要带过一些细节动作，则需要快镜头播放，速度增加。

4. 视频素材的选项面板之"属性"选项卡

在属性面板中，可以设置视频进入画面的方向和样式；还可以和声音设置淡入淡出一样，来设置视频的淡入和淡出，如图 6-20 所示。

图 6-20　视频属性的设置选项面板

"遮罩和色度键"的内容在我们后面学习抠像的时候再讲解。

七、文本的编辑

利用会声会影可在短时间内创建出带动画效果的文本。文字最常用于片头信息、片尾致谢、字幕及画面的标注说明。

1. 文本的添加与设置

方法一：在时间轴上将播放头定位到需要添加文字的位置，双击标题 T 轨道，在预览区出现文字"双击这里可以添加标题"，如图 6-21 所示，再双击预览窗口，输入文字内容，添加完成后在时间轴标题轨道上会有对应的文字素材，如图 6-22 所示。

图 6-21　标题文字的添加

图 6-22　预设文字的添加

方法二：在素材库面板中单击标题 T，将预设文字拖放到时间轴标题轨道的合适位置。文本和图片一样，添加后默认时长为 3 秒钟。

双击时间轴标题轨上的标题素材，启用编辑，如图 6-23 所示。再使用选项面板的编辑和属性选项卡修改标题素材的属性。在编辑选项卡中可自定义文字的字体、字号、文字背景及时长等，如图 6-24 所示，在属性选项卡中可以设置文字动画、滤镜等。

图 6-23　文字编辑选项卡

图 6-24　文字属性选项卡

您还可以导入字幕文件为项目添加字幕。

2. 文本动画的添加与删除

添加文本动画：先双击标题轨上的标题，选中标题文字。再在选项面板中单击属性选项卡，启用"动画"选项并勾选"应用"复选框。从选取动画类型下拉列表中选择类别，比如淡化、弹出、翻转、飞行、缩放、下降、摇摆、移动路径等。

删除文本动画：在时间轴上选中文本素材后，在选项面板中单击属性选项卡，并取消勾选"应用"复选框，就可删除文本动画效果。

3. 使用标题安全区域

在插入文字之后，应该将文本放置在什么位置呢？会声会影设置了标题安全区域，将文字置于标题安全区域内，将确保标题的边缘不会被剪切掉。当进行文字编辑时，预览窗口四周会出现矩形白色轮廓，这就是标题安全区域。默认情况下是显示的，如果需要隐藏，则可以在菜单栏"设置"中"参数选择"弹出的对话框中，"常规"选项卡下面取消勾选"在预览窗口中显示标题安全区域"，如图 6-25、图 6-26 所示。

图 6-25　标题安全区域

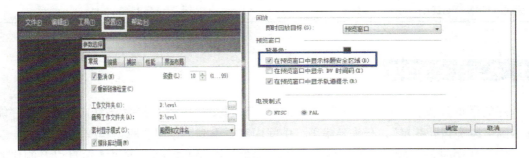

图 6-26　标题安全区域的设置

八、模板的启用

前面我们学习了如何自己亲自编辑文本、视频、图片素材的样式，并将其编辑整合为一个项目文件。有没有更省事的做法呢，比如直接应用项目模板来编辑？有的。CVS X9 版本提供许多免费的项目模板、图形、标题等。您可以在软件操作界面的右上方的素材编辑窗口中找到橙⬤一样的亮黄色图标"获取更多内容"，点击后进入下载页面，下载后就可以使用这些模板快速编辑项目了。

九、常见手机拍摄视频格式及 CVS 的兼容性

我们用手机拍摄的教学视频也可以直接用 CVS 来编辑。如表 6-3 所示，是各品牌的手机导出的视频格式，需要留意 CVS 不能兼容的格式。对不兼容的视频格式，我们需要

用格式工厂来进行转换，目标格式设置为 MP4 就万无一失了。

表 6-3　不同手机品牌导出视频与音频格式

品牌（型号）	视频格式	CVS 是否识别	音频格式	CVS 是否识别
三星（c5）	MP4	✓	M4A	✓
华为（P9）	MP4	✓	AMR	✗
苹果（5s）	MOV	✗	WMA	✓
联想（a850）	3GP	✓	AMR	✗
Vivo（X6a）	MP4	✓	3GPP	✗
OPPO（r9）	Mp4	✓	MP3	✓
魅族（note2）	Mp4	✓	MP3	✓
HTC（G12）	3GP	✓	AMR	✗
小米（红米）	MP4	✓	MP3	✓
中兴（U880）	3GP	✓	AMR/3GPP	✗
锤子（T2）	3GP	✓	MP3	✓
酷派（8013）	3GP	✓	AAC/AMR/3GPP	✗
索尼（NEX-VG20E）	MTS	✗	AMR	✗

十、片头片尾的包装

好的微课片头，片中和片尾都同等重要，和写文章一样，有一定的节奏感，最好能够做到"凤头猪肚豹尾"，开头要华美，中间内容要丰满，结尾要收得精辟有力。

片头片尾时长一般 15 ～ 30 秒。片头应包含该微课的标题、主讲人信息以及制作团队等，片尾主要是对制作团队分工的呈现以及致谢。实际当中，还要有专门的片头音乐和片尾音乐配合画面的呈现，通过加入不同风格的背景音乐来烘托主题内容。

片头和片尾也是一种素材，可以下载模板，在模板上修改标题文字等就可以了。这里我们介绍两个比较常用的素材网站，爱给网（http://www.aigei.com/）和麦软网（http://www.mairuan.cn/），可免费下载尝试效果。

第三节　回顾与练习

会声会影简要操作流程

1. 新建项目

首先打开 CVS 软件，新建项目，在"设置"菜单下，对项目的自动保存时间间隔和项目格式进行设置。将项目格式设置为在线、MPEG-4（1 280×720），将将参数选择中的自动保存时间间隔设置为 3 分钟并将工程源文件进行保存。

2. 导入素材

新建工程项目的文件夹，在素材库中新建三个文件夹，分别命名为视频、图片、音频，再将素材分别导入到文件夹中。

如果需要录制屏幕，可以先在捕获面板进行视频捕获，再以视频素材的形式导入素材库。

如果需要真人出镜的画面，可以通过手机或 DV 提前录制好，再导入到素材库中。

3. 编辑素材

将素材按照一定的顺序添加到时间轴轨道上，并按照需要对素材进行裁剪、添加滤镜、添加文字、设置转场、录制画外音等操作。这部分内容我们介绍得最多，您可以再仔细回顾一下。

4. 添加片头片尾视频、背景音乐

在主体部分编辑完成后，导入片头片尾的视频、背景音乐等素材，并为片头片尾添加必要的文本信息，在片头与主体、片尾与主体内容之间添加转场效果。别忘了先点击时间轴左侧"启用禁用连续编辑" ▨▤ ，当要添加片头的轨道前方变为小锁标志才可以整体移动轨道上的素材，再插入想要的片头音乐或视频哟！

5. 添加背景音乐

根据视频长度与内容，在声音轨道上添加背景音乐，并调整音乐的音量，为音乐添加淡入淡出效果。

6. 保存文件

将视频项目编辑完成后，在文件菜单下保存工程源文件 .vsp，还可以将工程文件导出为智能包，便于在其他电脑上进行编辑。

7. 共享输出

保存完成后，在共享面板，将项目渲染为 .mp4 的视频文件，就可以在课堂教学中使用了。

练习提高

练习要求： 利用 DV 或手机拍摄一个手机＋白纸的微课。要点：

（1）微课内容紧扣学科教材内容，时长在 5 ～ 8 分钟；

（2）在录制中配有自己的讲解音；

（3）对于部分片段要设置加快速度播放；

（4）画面要明亮，无噪音。

第七章

视频类微课制作（下）：转场音频动画输出

前面一章我们初步了解了在会声会影软件中将文本、图片、视频、音频等素材添加到轨道上的简单编辑。本章我们进一步学习如何对视频和音频进行精细加工，学会为图片或视频片断之间添加合适的转场效果，对音频进行录制以及音量大小、速度快慢、滤镜效果进行调整，对视频进行放大缩小、速度快慢、画幅裁剪、抠像、运动等调整。还有更多高级的功能以及其他同类的软件，可以进一步通过会声会影的官网和有关慕课进一步自行学习。

第一节　镜头间的转场

一、转场的简介

镜头间的转场的方法很多，从连接方式上可分为无技巧转场与有技巧转场两大类。无技巧转场，采用直接切换的方式，以镜头的自然过渡来连接两段内容。有技巧转场，利用特技技巧使两个段落连在一起，其特点是：既容易造成视觉的连贯，又容易造成段落的分隔。技巧转换常用于较大段落的转换上，比较容易形成明显的段落层次。常用方式有淡出淡入、叠化、翻页、划像、圈出圈入、定格等。

视频编辑软件中的转场是给覆叠轨或视频轨上的视频、图片素材之间添加的画面过渡效果。会声会影为用户提供了多种"有技巧转场"效果，转场使影片可以带有效果地从一个场景（视频片段或图片）过渡到下一个场景（视频片段或图片）。这些转场可以应用到"时间轴"中的所有轨道上的单个素材上或素材之间。有效地使用此功能，可以为影片添加专业化的效果。

二、转场的添加

单击素材库中的转场 AB ，从下拉列表的各种转场类别中选择转场效果，按住将其拖到时间轴上视频／图片素材之间，松开鼠标就可以在轨道素材间看到添加的转场效果。此时如果同时按下 Ctrl 键，则将转场效果添加到一段素材上即可。

在素材库中有 17 种类型的转场，如图 7-1 所示。对于每一种类型，可直接通过缩略图查看特定预设效果，也可以选中转场效果缩略图，在左侧预览区进行效果预览。

图 7-1　转场

三、转场的替换与修改

在素材库的转场中重新选择新的转场效果，并拖到素材上相应的位置，即可将原始转场效果进行替换。

对转场效果进行修改，如图 7-2 所示，双击时间轴中素材的效果标志，还可以在素材窗口里弹出效果的选项设置，可以更改持续时间等属性。

图 7-2　转场属性设置

四、转场的删除

在时间轴轨道上选中转场效果，按住键盘上的 Delete 键或右键删除。注意三点：

- 在一个素材的最开始或最后位置可以拖动添加转场效果。
- 在两个相邻素材之间也可以添加转场效果，但是要注意两个素材必须在同一条轨道上。
- 转场的添加因需要才设置，转场的效果也不必设置得太花哨。

第二节　多路音频的调整

会声会影可以为项目添加音乐、画外音和声音效果。音频在时间轴上主要有两类轨道，一类是声音轨，一类是音乐轨，声音轨有且只有 1 条，而音乐最多可以添加 8 条轨道。一般将解说音插入到声音轨，将背景音乐或声音效果插入到音乐轨。

要在各个轨道上添加素材，除了从素材库窗口中拖拽进来，还可以右键单击轨道，插入视频、图片、音频、字幕、数字媒体文件等。在声音轨和音乐轨可以添加导入的音频素材的格式有 mp3、wmv、wma、asf、wav、mp4、cda、mpg、avi、3gp、3g2、au、m4a、mp2、ogg、m2t、aiff、aif、aifc 等。导入之后我们就要进行编辑了。

CVS 中对音频进行编辑的常用方法有：裁减、视音频分离、音量调整、淡入淡出效果、速度 / 时间流逝等设置、画外音配音和使用音频滤镜等。下面我们以 X9 版本为例来学习吧！

一、音频的裁剪

在 CVS 中，音频的裁剪和之前视频的裁剪类似，先选定需要裁剪的位置，再选中音频素材，点击小剪刀，将音频裁剪成两段。

二、视音频分离

在进行视频编辑时，如果想将视频中的音频分离到声音轨上进行单独编辑或重新配音，可以选中视频素材，单击鼠标右键，分离音频，这样在音频轨道上就可以看到分离出的音素材，而单独播放视频素材是无声的。分离之后的视频和音频可以分别进行编辑。如果想要恢复视频的声音，则可在视频素材上单击右键，取消勾选静音选项。

三、音频的其他编辑

对音频的编辑有两种途径：

（1）可以通过双击声音轨或音乐轨上的任一音频素材，如图 7-3 所示，调出右上方的编辑窗口，可以进行音量大小、淡入淡出、调节快慢和滤镜添加等操作。

（2）在时间轴上右键单击素材，弹出菜单进行操作，如图 7-4 所示。

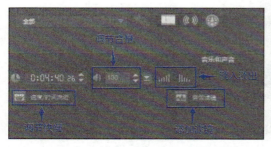

图 7-3　音频素材双击弹出编辑窗口设置

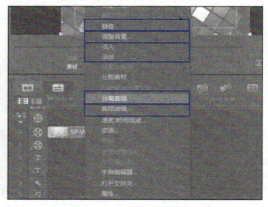

图 7-4　音频素材右键菜单设置

我们以第二种方法为例来介绍基本的编辑方法。

1. 音频音量调整

选中时间轴轨道上的视频 / 音频素材，单击右键，在弹出的菜单里选中调整音量，就可以调整素材的音量大小。素材音量代表原始录制音量的百分比，取值范围为 0 到 500%，其中 0% 将使素材完全静音，100% 将保留原始的录制音量。如果背景音乐的音量值为 100% 会高于视频讲解音，造成喧宾夺主的影响。这时我们就需要将背景音乐的音量调小，在 10% 以内即可。

2. 音频的淡入淡出效果

通常对解说音和背景音乐要设置淡入淡出效果。在声音起点，淡入的效果是声音慢慢变大的，不会很突兀；在声音结束的时候是慢慢变弱的，不会戛然而止。实现方法是：选中时间轴音乐轨道的素材，右键勾选淡入 / 淡出。

3. 音频快慢的调整

音频快慢的调整和视频一样，都是选中素材后在右上方素材库窗口中点击"编辑"选项卡，找到"速度 / 时间流逝"即可调整倍速。

4. 音频滤镜

会声会影可以为音乐和声音轨中的音频素材应用滤镜，也可以将音频滤镜应用到包含音频的视频素材中。可供使用的滤镜效果有 New Blue 干扰去除器、减噪器、清洁器、音频润色、噪音渐变器、自动静音、嗒声去除、等量化、放大、共鸣、回声、删除噪音、声音降低、嘶声降低、体育场、音量级别、音调偏移、长回声、长重复等。通过"添加"或"删除"可以设置，还可以在"选项"中微调各滤镜的细节效果。以上效果可以通过三种途径来打开并设置：

方法一：选中音频素材，右击音频滤镜，在弹出的音频滤镜对话框中，将左侧可用的滤镜添加到右侧，如图 7-5 所示，也可以在选项中对滤镜的参数进行设置。

图 7-5　音频滤镜的添加

方法二：在素材库的滤镜中，显示音频滤镜，选中所需的滤镜效果，拖到时间轴的音频素材上或包含音频的视频素材上。

方法三：双击时间轴的音频素材，在右上角素材编辑窗口中选择"音频滤镜"，即可调整。

在进行音频录制时，尽量保持周围环境的安静，但是有时噪音是不可避免的，这时，我们可以通过会声会影的音频滤镜为音频降噪。

注意：在进行降噪的同时，也会把录制的讲解音相应减弱，所以在进行降噪时要慎重选择滤镜。

四、音频属性的复制

当我们需要对多段音频素材设置同一种效果的时候，就可以用复制属性的办法来实现，其方法是在时间轴右键单击 A 音频素材，弹出菜单，选择"复制属性"，再选择 B 音频素材，右键单击，弹出菜单选择"粘贴所有属性"或"粘贴可选属性"，就可以将 A 设置好的音量大小、滤镜等效果全部或部分复制到 B 音频素材上。设置音频效果的素材可以看到其时间轴上的素材条左上角有黄色 FX ▦ 字样，表示设置了效果。

五、画外音的补录

如果录制时讲解错误，需要重新配音，怎么办呢？画外音的录制可以轻松帮我们解决。首先将需要替换声音的一段音频通过裁减方式分离出来，删掉。如果直接录音，可跳过上一步，将播放头定位到视频轨要进行画外音录制的位置，点击时间轴上的录制 / 捕获选项，在弹出的对话框中点击画外音，如图 7-6、图 7-7 所示。

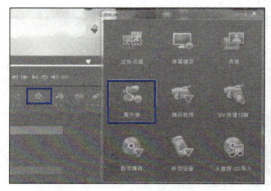
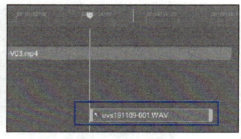

图 7-6　画外音的录制　　　　　　图 7-7　录制的音频

在录制之前，先确保在电脑的控制面板中找到声音设备对麦克风进行调试。设备正常无误后再在 CVS 录音界面中，先进行音效检查，点击录制并讲话，录入 5 秒的声音，检测声音音量是否合适，是否有噪音，在检测无误后，点击"开始"进行声音的采集。在录制过程中，会看到播放头一直向右移动，单击键盘上的 ESC 键或空格键停止录制。在录制结束后，时间轴声音轨道上出现 .wav 格式的音频素材。播放录制的音频，如果不满意，可以使用前面的方法对音频进行适当的裁剪，或者将音频素材删除，重新进行录制。

注意：画外音录制的音频会放置在声音轨道上，因此在录制前一定要保证在补录声音的范围内音频轨上不能有其他素材，否则在进行画外音录制时，会提示"当前的项目提示位置已存在素材"。

一节优秀的微课，除了要有优秀的配音，配乐也会锦上添花。关键之时，一段恰到好处的背景音乐，更能打动学生，能让整节微课"悄"然增色。微课背景音乐在微课设计中的作用是为了衬托微课的主题，所以微课的背景音乐选择一定要符合微课主题的需要。需要注意的是，背景音乐起烘托作用，不能喧宾夺主，音量尽量调小，个人配音一定要洪亮，吐字清晰。以上是我们对微课声音处理时需要把握的原则。

第三节　视频画面的剪辑与输出

在视频编辑中，巧妙地应用动画特效，能使我们的视频呈现更佳的效果。本节中，我们主要为大家介绍两个动画特效应用的综合案例，分别是抠像效果和修剪效果。

一、抠像效果

在制作微课时，如果有教师真人出镜，学生会觉得特别亲切，教师出镜的画面背景尽量简洁，最好能够跟视频素材相融合，这样就需要对教师在绿幕演播室中出镜视频进行抠像，保留人像，去除或替换背景。

接下来以绿幕熊猫为例来讲解如何抠像。

Step1：为了使视频中的熊猫置于风景图片之上，在导入素材之后，将风景图片置于覆叠轨1上，在时间轴上插入覆叠轨2，将熊猫视频置于覆叠轨2上，并调整其位置和大小，如图7-8、图7-9所示。

图7-8　添加抠像视频素材

图7-9　遮罩和色度键

Step2：在时间轴上选中熊猫视频素材，点击素材库右侧的选项，在"属性"菜单下点击"遮罩和色度键"，再勾选"应用覆叠选项"，此时覆叠选项的类型和相似度被激活，类型选择"色度键"。

Step3：在相似度处选择取色器，在素材的背景处单击，这样绿色背景就都去除了，变为透明的，可以在左侧预览区看到去除背景之后的效果，抠像的程度还可以通过取色器右侧的色彩相似度数值进行细微的调整，0 为没有抠像，数值越大抠得越多，如图 7-10 所示，这样抠像的效果就完成了。

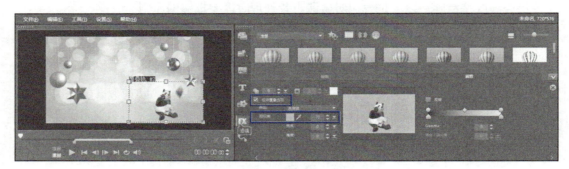

图 7-10　抠像

注意：在进行教师画面拍摄时，光线充足，背景颜色要纯色，通常的录播室都用蓝色或绿色幕布，教师的服饰颜色最好互为补色，这样抠像的效果更佳。

二、修剪效果

想要对视频素材进行画面裁剪，就需要用到 CVS 的滤镜功能了。前面我们知道可以对音频设置滤镜效果，视频也一样可以设置。例如在本案例"福"字的书写中，如图 7-11 所示，只想保留书写福字的红色纸张部分，去除画面周围无关的书桌部分，就需要为视频添加"修剪"滤镜，步骤如下：

图 7-11　修剪前后对比图

Step1：将视频素材导入并放置在覆叠轨上，调整至屏幕大小。

Step2：调出滤镜窗口。单击素材，在素材窗口中如果显示的是选项面板（编辑和属性），则点击窗口右侧的向下按钮 ⌄ 即可折叠起来，此时诸多滤镜效果的窗口即可呈现。

Step3：如图 7-12 所示，从素材库滤镜中左上角"全部"下面选择"二维映射"，在弹出的效果里选择"修剪滤镜"，将其按住拖到视频素材上，在视频素材上出现 FX 的标志，如图 7-13 所示。

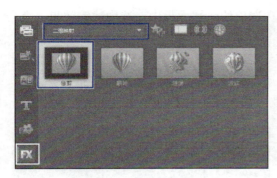

图 7-12　修剪滤镜

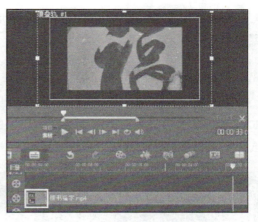

图 7-13　视频素材上 FX 标志图

Step4：点击素材库窗口右侧的 ▉▉ 选项 ⌄，打开选项面板，在选项卡"属性"中，点击自定义滤镜，打开自定义滤镜对话框，如图 7-14 所示。在图 7-15 中，自定义滤镜对话框共分为三个部分，原图区、效果预览区和下方的关键帧控件。

图 7-14　自定义滤镜

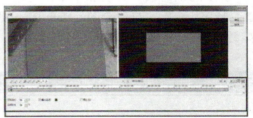

图 7-15　自定义滤镜对话框

选中第一个关键帧（当它变为红色菱形时表示选中），设置宽度和高度，可以将鼠标放到边框的中心点，指针为十字形就可以拖动矩形框到合适位置，设置视频修剪后外围的填充色，完成后，点击右侧的播放按钮，进行播放预览，如

图 7-16　播放

图 7-16 所示。默认的修剪滤镜效果是，画面框线在逐渐增大，直到最后一个关键帧位置，恢复到原画大小。为了保证画面比例在整个过程中大小一致，我们需要将如图 7-17 所示的第一个关键帧的参数属性复制到最后一帧上，如图 7-18 所示。选中第一个关键帧的红色菱形标记，右击复制，再选中最后一个关键帧，右键选择粘贴，设置完成单击确定，这样就实现视频画面的裁剪效果了。

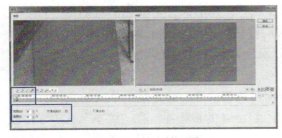

图 7-17　第一帧设置

图 7-18　最后一帧设置

注意：时间轴控制栏上会出现一个菱形标记◆，此标记表示该帧是素材上的一个关键帧。

滤镜的删除：如果想要删除滤镜效果，在选项的属性面板中，选中滤镜效果，点击"×"进行删除，如图 7-19 所示。

多个滤镜的添加：对于滤镜的添加，默认状态下是下一个滤镜替换上一个滤镜效果，如果想要为素材添加多个滤镜，则在选项的属性面板中，取消勾选"替换上一个滤镜"，这样多次将素材库的滤镜效果拖到素材上，就为素材添加了多个滤镜，如图 7-20 所示。

图 7-19　滤镜的删除　　　　　　　　　图 7-20　多个滤镜的添加

视频滤镜的效果类别除二维映射外，还有三维纹理映射、调整、相机镜头、Corel FX、暗房、焦距、自然绘图、New Blue 视频精选 1 和 2、特殊、标题效果等，非常绚丽多彩。

三、加工后微课视频的诞生：输出与共享

1. 项目文件的预览保存

在视频编辑完成后，点击预览区的项目，对整个项目从头到尾进行播放，确认无误后，点击文件菜单中的保存 / 另存为，或者使用快捷键 Ctrl+S，将项目保存为 .vsp 格式的源文件。

为防止因卡顿等造成软件停止工作，之前编辑的项目文件丢失，在操作过程中，最好设置自动保存。选中菜单栏的"设置"，选择"参数选择"，在"常规"选项卡下将项目自动保存时间间隔设置为 3 分钟保存一次，也可以根据实际需要进行修改。

2. 智能包的导出

如果只将 .vsp 的会声会影源文件拷贝到其他电脑上是无法打开源文件中调用的素材，因为还留在原电脑上。这时使用"智能包"就可以把源文件和素材一起打包带走。方法是：点击菜单栏的"文件"下的智能包，弹出保存的对话框，选择是，并为文件设置保存的位置及名称，保存类型为 .vsp，单击保存之后，弹出保存智能包的对话框，可以设置智能包为文件夹或压缩文件，以及智能包的存放位置和名称。设置完成后单击保存，在保存位置可以看到包含所有使用过的素材以及项目源文件的智能包。

3. 视频的输出与共享

在对项目进行保存之后，我们可以看到项目的格式是 .vsp，这个格式的文件只能用会声会影软件打开，我们怎样把制作的项目生成 .mp4 的视频呢？在"共享"选项卡中就可以实现。点击软件窗口上方的"共享"面板，对输出文件的类别、格式、名称及位置

进行设置，设置完成后，点击开始，等待智能渲染进度条到 100% 时，在输出文件夹中就可以查看视频文件。

（1）类别选择区域。

在"计算机""设备""网络""光盘"和"3D 影片"输出类别之间选择。我们通常先保存到个人电脑上，选择"计算机"即可。

（2）格式区域。

格式区域提供大量文件格式、配置文件和描述。

在共享时，最常使用的是将视频以 .mp4 格式存储在电脑上。操作步骤为：

Step1：选择类别为计算机；

Step2：在格式设置中选择 MPEG-4，配置文件一般设为 mp4（1280×720）；

Step3：在文件设置区设置存储视频的名称及位置；

Step4：点击开始，进入智能渲染，等到渲染完成后，可以在存储文件夹中查看完整视频。

第四节 回顾与练习

常见问题解答

在进行微课制作中，你是否也遇到了如下问题呢？让我们一起来看看如何解决吧。

Q1：如何同时导入多个素材？

A1：按住键盘上的 Ctrl 键可以选中多个素材；选中第一个素材，按住 Shift 键，选中最后一个素材，可以选中多个连续的素材；或者拖动鼠标框选多个素材。

Q2：导入的图片素材找不见？

A2：如图 7-21 所示，在媒体右侧，如果图片图标为灰色，则表示隐藏，不显示。这时需要点击灰色图标，当它变成黄色之后，就可以显示了。

图 7-21 素材的显示与隐藏

Q3：时间轴显示比例想要放大或缩小怎么办？

A3：按住 Ctrl 键，上下滚动鼠标滑轮即可。

Q4：设置的转场效果没反应？

A4：如图 7-22 所示，首先将时间轨上的素材放大，显示两个相邻素材间的转场效果为黄色区域。转场显示不了，可能由于时间短，其默认设置为 1 秒，如图 7-23 所示，可以通过选项更改转场时间；也可能是图片素材时间短于转场效果时间，这样就要适当增加图片出现的时间，缩短转场时间。

Q5：视频素材没有整个铺满，怎么调整？

A5：选中覆叠轨上的视频素材，右击屏幕上的视频素材，点击调整到屏幕大小，以及保持宽高比，如图 7-24 所示。

图 7-22　转场选项

图 7-23　转场时间设置

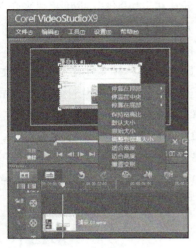

图 7-24　调整素材大小

Q6：导入的视频是颠倒的怎么解决？

A6：可以使用格式工厂里的视频旋转功能，也可以在 CVS 中选中素材，如图 7-25 所示，点击"选项"面板，在设置中找到左右旋转的功能进行调整。

图 7-25　素材旋转

Q7：标题轨最多添加两条，如果需要插入 3 条或更多的标题怎么办？

A7：可将已编辑的文本拖动到覆叠轨上，然后再在标题轨上插入新的文本。

Q8：会声会影操作界面有许多窗口，错乱之后怎么调整？

A8：按功能键 F7 可以一键恢复。

Q9：如何将一段带有声音的视频实现音频和视频画面分离？

A9：双击视频素材，在右上方"编辑"窗口中选中"分割音频"，即可看到音频轨道上出现了原来视音频中的音频，而原视频则变为无声视频。这个操作可以实现将一体的视音频重新配乐或配音。

───────── 拓展学习 ─────────

慕课推荐

（1）中国传媒大学孙振虎《视听语言》，见 https://www.icourse163.org/learn/CUC-1003768001?tid=1206908210#/learn/content。

（2）湖南理工学院余水香等《摄像基础》，见 https://www.icourse163.org/course/HNLGXY-1206145811。

练习提高

练习一

利用会声会影做一个与学科教材内容相结合的完整微课，包括片头（20 秒）、片尾（15 秒）、微课信息介绍（适用学科专业、年级、教材版本等）、内容讲解、回顾与练习与练习。

练习要求：

（1）包含真人出镜的画面以及真人讲解声音；

（2）包含背景音乐、转场、滤镜；

（3）生成 .mp4 的微课视频，大小不超过 200M。

练习二

制作微课的软件还有哪些？

前面我们学习了 PPT 讲义类、动画类和视频合成类微课的制作，涉及 PPT、万彩动画大师、EV 录屏、会声会影等多个不同的软件。是不是只有这几种微课和制作软件呢？当然不是，例如手绘动画类微课使用 Video Scribe 这款软件就可以实现。你还知道哪些微课制作软件呢？请继续拓展学习，列举几个吧！

第三篇

虚拟与现实：教学空间的融合

· · ·

第八章

信息化教学设备的基本应用

随着区域和学校互联网＋教育活动的开展，教师的授课空间发生了变化，实体教室里以往的幕布加投影仪渐渐被交互式白板取代，多媒体教室、混合式教学环境以及适用于个性化学习的智慧教室同时并存，教师上公开示范课常用的录播室也逐步虚拟化和智能化。要让环境与设备发挥作用，教师就要掌握必备的使用方法。本章我们来学习电子白板的使用、希沃白板课件的制作以及录播室常用到的操作规范。

第一节　电子白板：啊，不仅会投影

电子白板作为一种新兴的电子化教学设备进入课堂，大大变革了传统的"黑板＋粉笔"的展示方式，为课堂教学增添了更多样化的元素，可以大大提高师生的互动性、学生学习的主动性。但是目前很多老师将其作为投影仪使用，大材小用，很多强大的功能被埋没了。下面我们一起来了解一下电子白板的基本知识以及如何更好的使用它辅助教学吧！

一、初识电子白板

电子白板（Smart Board）大约从 2001 年开始，兴起于欧美国家，后来迅速发展，用于教育领域。它与普通黑板的最大差别就是可以触控，能够反复擦写，既有大屏幕的投屏效果，又有电脑的交互性，可以对投屏内容进行标注、保存、擦除等，极大地提高了教学效率。

从 20 世纪后期以来，经历了从黑板到白板，再到电子白板，再到交互式电子白板的过程。交互式电子白板实现了白板与计算机、教师与学生之间的双向互动。电子白板的工作原理主要是把投影机放到白板后面，电子白板与电脑相连后，电脑上的文字、图像等内容就在白板上显示，不会因前边的人挡住光线而产生阴影。

电子白板按照安装方式可分为柜式电子白板和镶墙式电子白板。电子白板的组成构件有：配套的电源适配器、专用的电子白板笔、电脑、电脑与电子白板连接的专用串口线、专用的配套软件、投影机等。如果要实现远程交互控制，则需要互联网接入设备。

电子白板和一体机的外形看上去有些相似，但是电子白板需要在连接电脑的基础上，借助电子白板驱动软件才能使用，否则就相当于普通的写字白板；而一体机是整合投影仪、电子白板、电脑、触摸功能等多种设备于一体的多功能互动教学设备，可以实现书写、绘画、多媒体娱乐以及电脑操作，直接打开设备即可轻松演绎精彩的互动课堂。

目前在各类学校使用的电子白板品牌及型号较多，代表性的有希沃 SWB-1091X、鸿合 HV-I583、MAXHUB EC55CA、松下 UB-5318 等，中等价格在 4 000 ～ 8 000 元。此外，还有一种"智慧黑板"的演示设备，性价比高，对于保护学生视力也比较好，感兴趣的老师可以去了解一下。

二、希沃交互式电子白板设备的基本操作

在众多电子白板中，希沃交互式电子白板（Seewo Pad）目前普及率较高，由广州视睿电子科技有限公司开发，我们一起来了解它的基本功能吧！

首先，来看看它的硬件基本操作。在电子白板的屏幕下方，有如图 8-1 所示的按钮和接口（不同型号会有些许不同），插上电源打开电子白板后，会看到屏幕显示与电脑非常相似，但是在它的上下左右分别有隐形的功能弹窗，以便随时调出使用。另一个与电脑不同的是，电子白板是没有键盘和鼠标的，我们如何进行操作呢？很简单，如图 8-2 所示，手指在屏幕上单击，表示鼠标左键单击，手指快速连点两下，表示左键双击，而鼠标右键则是长按屏幕 3 秒，当出现白圈时，松开手指就可以了。如果我们想调出键盘，在任意空白位置单击，屏幕左侧就会出现一个白色的长条，将白色长条向右拖动就能调出键盘，如图 8-3 所示。

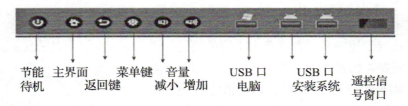

节能　主界面　菜单键　音量　　USB 口　　USB 口　　遥控信
待机　　返回键　　减小 增加　电脑　　安装系统　　号窗口

图 8-1　电子白板按钮、接口

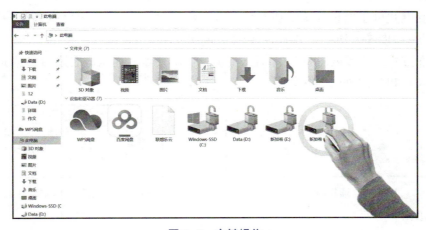

图 8-2　右键操作

利用电子白板，老师们最常用的是播放 PPT。不论是播放 PPT，还是使用希沃自带软件开发的交互式课件，下面这些功能将带来很好的教学体验，如图 8-4 所示，是可以对屏幕内容进行标注圈画的基本工具。

图 8-3 调出键盘

图 8-4 基本功能

● 书写批注。

在演示 PPT 时，默认状态为"选择"，点击屏幕下方笔的图标，即可在屏幕上进行书写和批注，再次点击"笔"，则可改变笔的颜色和粗细，同时，还可以将画笔形状改为特定的图案。在大部分的交互式电子白板中，还提供了画笔种类的选择，如普通笔、荧光笔、毛笔等。借助书写功能，教师可以突出强调屏幕上的重点内容，如图 8-5、图 8-6、图 8-7 所示。

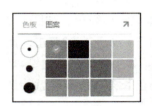

图 8-5 画笔颜色大小

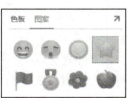

图 8-6 画笔图案

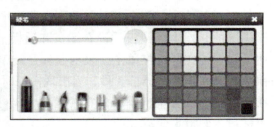

图 8-7 画笔种类选择

● 橡皮工具。

橡皮工具就是擦除我们在屏幕上书写的痕迹，点击选中后在要擦除的位置上涂抹即可，如果需要清除所有笔迹，则再次点击"橡皮"，调出清除笔迹的窗口，将滑块滑到右边，如图 8-8 所示。

● 截图。

希沃交互式电子白板的截图功能需点击屏幕下方的"更多"，如图 8-9 所示，在通用模块中调出，共有两种截图方式：矩形截图和自由截图，如图 8-10 所示。而点击右边的"显示桌面"按钮，则可以对 PPT 以外的内容截图。

图 8-8 清除笔迹

图 8-9 通用模块

图 8-10 电子白板屏幕截图

● 板中板。

在数学教学中，教师经常需要一块空白部分书写演算过程，在 PPT 中直接书写影响美观，清除又无法保留痕迹。这时候，老师们就可以点击"更多"，在通用模块中选择"板中板"，如图 8-11 所示，系统就会创建一块空白的黑板任教师书写，并且这些笔迹会自动保存，不会影响 PPT 的内容，还可以通过上述过程再次调出查看。

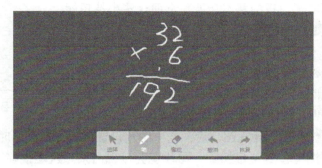

图 8-11　板中板

● 放大镜。

放大镜也位于"更多"的通用模块中，其功能在于能够放大框选的内容，通常用于放大太小的文字或突出某一部分内容，如图 8-12 所示。如果希望仅显示框选的内容，不被其他内容干扰，还可以点击放大镜下面的"关灯"，如图 8-13 所示，这时，周围就会变成黑色。

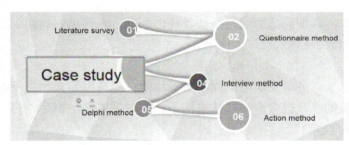

图 8-12　放大镜　　　　　　　　　　图 8-13　放大镜－关灯

● 计时。

在"更多"的通用模块中，还有计时的功能，包括倒计时和计时器，如图 8-14、图 8-15 所示。教师可通过此功能开展限时答题的活动，点击计时窗口中的"全屏"按钮就可切换为全屏窗口开始计时。

图 8-14　倒计时

图 8-15　计时器

● 形状。

如果需要绘制线条或者形状，同样可以在"更多"的通用模块中找到，如图 8-16 所示。

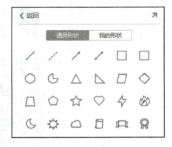

图 8-16　形状

掌握了交互式电子白板的基本功能，下面这些小技巧能帮助我们在教学中更好地使用它。

（1）巧妙使用撤销键。如果老师在绘图或批注时出现错误，通常会使用橡皮擦擦除，但是橡皮擦会将同一位置的所有书写内容都擦除，导致前功尽弃，而如果直接使用撤销键，一键撤回上一步，简便快捷，省时省力。

（2）图片蒙版创意用：插入图片后，选中图片设置蒙版，在演示时，图片会被隐藏，但如果用橡皮擦在图片位置慢慢擦除，图片就会显现出来。这在很多学生看来是一件很神奇的事情，能够大大增加学生的兴趣。

（3）善用关灯功能：放大镜的关灯功能在部分电子白板中等同于遮屏工具，使用该工具能够让学生专注于显示的部分，而其他部分会被遮挡。

三、电子白板使用的常见问题

在使用电子白板教学的过程中，老师们总会遇到各种各样的问题，在这里，我们汇总了几个常见的问题和解决方案，帮助老师们更好地使用它。

1. 电子笔不起作用

对此有两种情况，一是笔没电了，可以更换电池或使用备用笔；二是电脑桌面右下角布告栏上，电子白板驱动程序里的"开机自启动"被取消了，这时需要接上鼠标，打开电子白板驱动程序，勾选"开机自启动"。

2. 电子笔点不准

这时电子笔定位不准的缘故，同样接上鼠标，点击电脑桌面右下角布告栏中白板驱动程序图标，进行"重新定位"。

3. 电子笔写不出字或写字不顺畅

首先要检查软件当前的工作模式，如果在控制模式下是不能书写的，需切换到绘图或者注解模式；其次要注意写字的姿势是否规范，写字时不能同时按电子笔上的按钮，要保持笔尖与电子白板垂直。最后，检查电池，检查电量是否不足。

4. 如果使用油性彩笔在电子白板上书写了怎么办？

使用电子白板时，是不能用油性彩笔在电子白板上书写的！万一出现这种情况，可立即用脱脂棉蘸酒精轻轻擦电子白板的板面。

5. 使用电子白板时，软件卡死，无法关闭怎么办？

当通过点击屏幕无法关闭软件时，可以点击任意空白位置，从左侧调出键盘，按"Ctrl+Alt+Delete"调出任务管理器，在应用程序面板中，选择需要关闭的任务，点击结束任务。

6. 在课堂使用电子白板时，隔一段时间不用电子白板后，白板就黑屏，像是死机了。

这并不是电脑死机，而是电子白板进入休眠状态，只需要在工具面板连续点击几次，就能恢复正常。

现在，了解了电子白板强大的教学功能，你是不是跃跃欲试了呢？赶紧在教学中使用起来吧！

第二节　希沃白板 5 课件制作："What do you want to eat"

希沃电子交互式电子白板有专门的软件来为它制作课件，配套使用，功能十分强大。我们前面学习了该设备的基本功能和操作。现在我们来学习如何借助希沃白板 5 软件制作一个课件。

首先我们需要在希沃的官方网站（https://easinote.seewo.com/）中下载希沃白板 5，安装好后在桌面上显示如图 8-17 所示的图标，双击图标注册并登录，就可以来到希沃白板 5 的主界面，如图 8-18 所示。在"云课件"面板中，可以储存和制作课件，"知识胶囊"用于录制微课，"云课堂"可以进行互动教学，如果学校购买了希沃平台，开通"我的学校"，还可以录制课堂教学、实现校内的资源共享。

图 8-17　希沃白板 5 图标

图 8-18　希沃白板 5 主界面

了解了希沃白板 5 的基本面板，你准备好制作一个互动教学课件了吗？我们做一个主题为"what do you want to eat"的课件吧！

Step1：在云课件面板中点击"新建课件"，在新建面板中可以直接导入 PPT，也可以选择创建一个新的课件，方法为：选择一个背景样式 - 对课件命名 - 点击"新建"。新建后，系统会自动创建一个标题页和一个内容页。

新建课件后来到课件编辑界面，如图 8-19 所示，该界面与 PPT 是类似的，上方为基本功能，左边显示课件的缩略图，能够新建页面，中间是课件编辑区，右边则是对课件的样式、背景、动画进行设置。

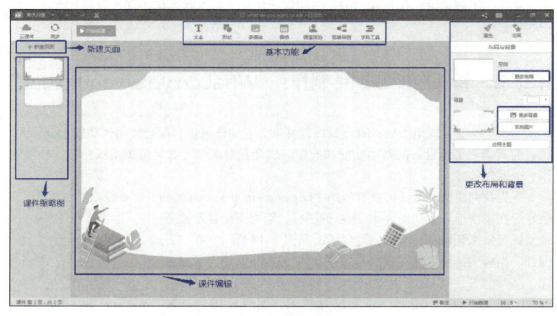

图 8-19　编辑界面

Step2：选择文本工具，在编辑区输入课件的标题，教材信息和主讲人信息，如图 8-20 所示。

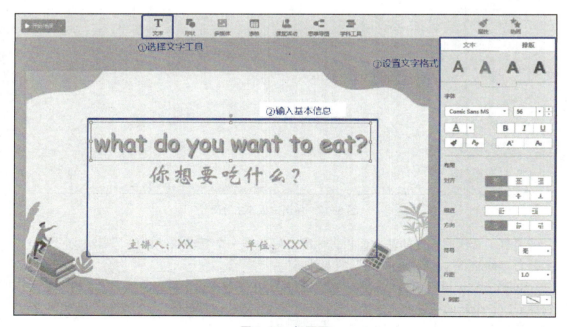

图 8-20　标题页

Step3：在页面 2 中选择多媒体插入本地图片。

Step4：插入图片后，如图 8-21 所示，点击选择图片，在属性面板中使用裁剪工具去除水印，使用去背景工具去除背景。

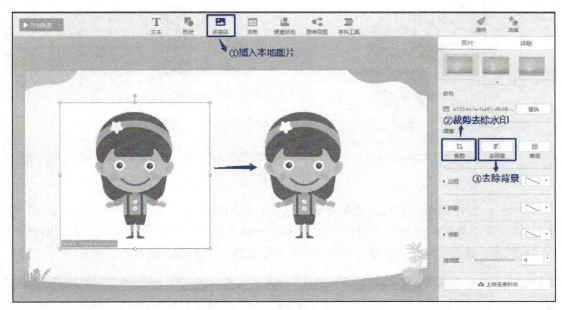

图 8-21　图片编辑效果

Step5：如图 8-22 所示，点击"形状"，选择一个对话气泡，在编辑面板中绘制，调整位置和颜色大小。

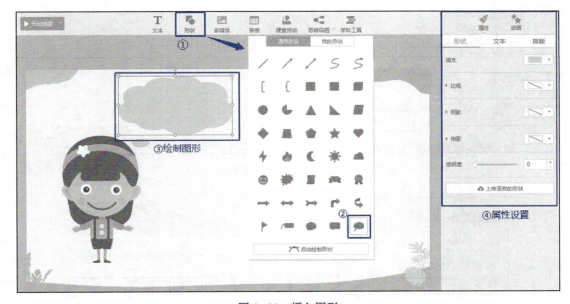

图 8-22　插入图形

Step6：如图 8-23 所示，插入其他文字和图片。

图 8-23　第一页

Step7：新建页面，进入单词学习页，在这一页中需要插入五个新单词卡片。点击学科工具－选择英汉词典－在英汉词典的搜索框中输入单词－生成单词卡－点击"编辑释义"，删除不需要的释义－完成，如图 8-24、图 8-25、图 8-26 所示。

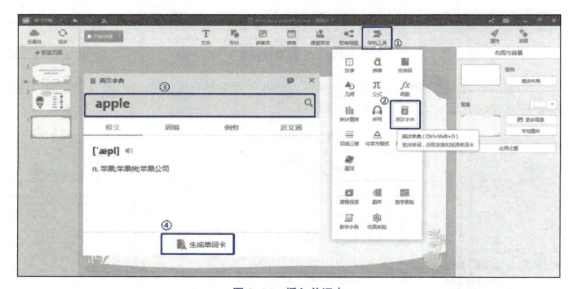

图 8-24　插入单词卡

图 8-25　编辑单词卡

图 8-26　编辑完成

在希沃白板 5 的学科工具中，提供了各种学科共 18 种教具，包括语文的拼音汉字、化学的元素周期表、物理的虚拟仿真实验等，如图 8-27、图 8-28、图 8-29 所示，老师们可以根据学科特色充分使用。

图 8-27 物理 – 使用温度计实验

图 8-28 语文 – 汉字

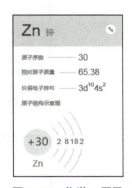

图 8-29 化学 – 原子
结构示意图

Step8：初步学习了单词，我们来设置一些有趣的活动加强学生的印象。如图 8-30 所示，点击课堂活动 – 选择符合课件风格，适用于课程内容的活动形式 – 点击应用。

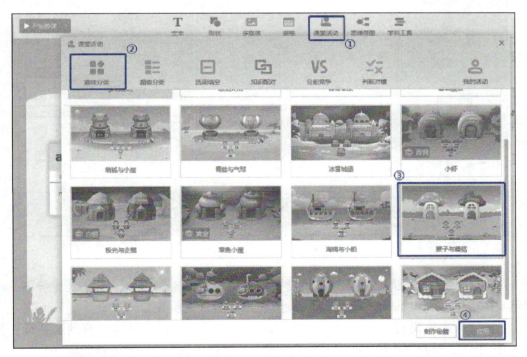

图 8-30 课堂活动

Step9：对课程活动进行编辑，在"趣味分类 – 猴子与蘑菇"的活动中，首先输入两种类别的名称和子类别，选择活动模式，经典模式不计分，竞技模式计分排行，确认无误后，单击完成，如图 8-31 所示。

Step10：制作完成后，可以勾选右边的"播放音效"，如果需要修改，则点击"编辑课堂活动"，如图 8-32 所示。

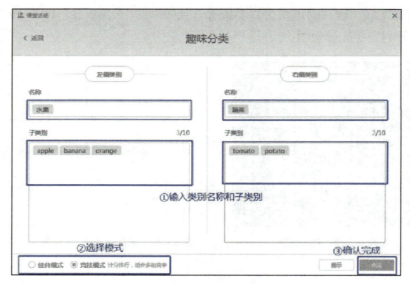

图 8-31　编辑活动

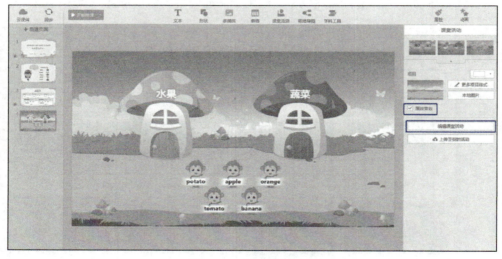

图 8-32　添加课堂活动

Step11：使用思维导图复习本节课学习的单词。如图 8-33 所示，点击思维导图 - 选择需要的类型 - 编辑思维导图的内容 - 设置思维导图、文本格式。

Step12：这里我们可以使用前面提到的一个小技巧：增强教学过程的趣味性：如图 8-34 所示，选择多媒体插入图片 - 选中图片 - 在图片属性面板中选择蒙层。

被蒙层的图片在课件演示时最初是显示不出来的，需要在授课模式下，用橡皮在图片位置上擦除方可显示。

Step13：学习完单词之后，设置一个听写的环节检验学生的掌握情况：点击学科工具 - 选择听写 - 设置教材信息，如图 8-35 所示。如果在单词表中找不到需要的单词，则在搜索框中搜索，勾选后，进行下一步，如图 8-36 所示。在下一个面板中，新增其他单词，并对听写的朗读方式进行设置，预听无误后布置听写，如图 8-37 所示。

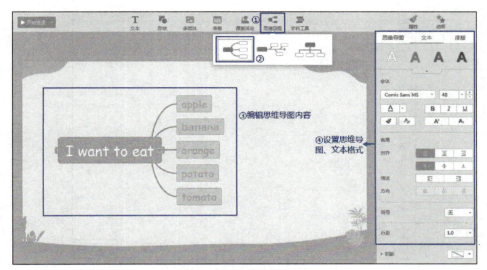

图 8-33 添加思维导图

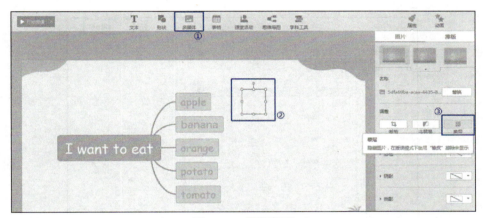

图 8-34 图片蒙层

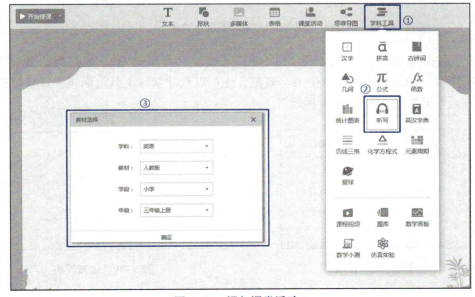

图 8-35 添加课堂活动 1

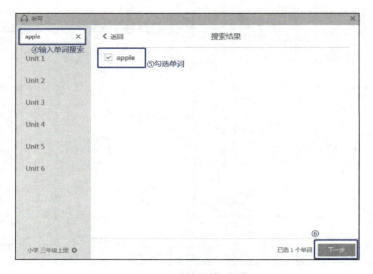

图 8-36　添加课堂活动 2

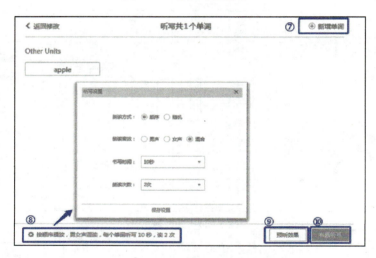

图 8-37　添加课堂活动 3

在开启授课模式时，点击开始听写，完成后，可以选择公布答案，如图 8-38、图 8-39 所示，如果想要指导学生书写规范，还可以在"学科工具"面板中选择"四线三格"，输入单词即可（如图 8-40 所示）。

图 8-38　听写

图 8-39　公布答案

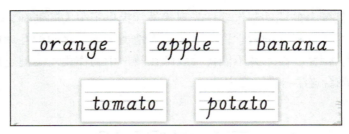

图 8-40 四线三格

当然，我们还可以在右边的动画窗格中像 PPT 一样设置页面的过渡效果和元素的动画。完成后，系统会自动同步保存，我们可以直接关闭，也可以点击上方的"开始授课"按钮进行授课！现在我们点击开始授课来预览一下吧，效果是否如图 8-41～图 8-46 所示呢？

图 8-41 页面 1

图 8-42 页面 2

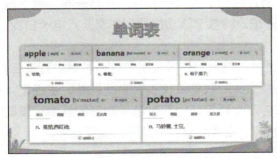

图 8-43 页面 3

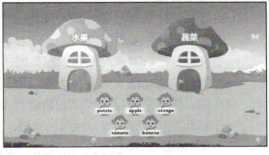

图 8-44 页面 4

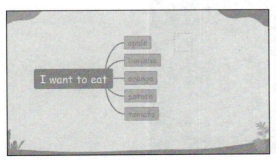

图 8-45 页面 5

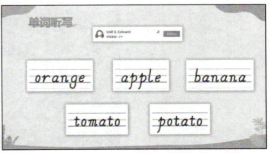

图 8-46 页面 6

电子白板及其配套的课件制作软件为现代教学提供了很大的便利，不仅丰富了课堂活动的形式，整合了多样化的教学资源，还大大增加了师生之间的互动性，使得课堂氛围更加积极主动。但是，技术并不能代替教师在教学中的作用，关键还是教师如何充分利用技术，将其融合进学科教学之中。

第三节　录播室 ABC

在掌握了如何使用各种软件制作微课后，我们一起走进录播室，来看看如何录制一个优质的视频教学课程吧！

一、什么是录播室

我们常说的录播室是教学录播专用教室的简称，是学校用来为教师课堂教学过程进行全程自动或半自动录制的专用场所。录播室不仅能够用于采集教学视频资源，还能进行教学课程的跨校、跨区域网络直播，开展校内教研，甚至教师可以截取教学的片段开展翻转课堂，也可用于反思教学，从而提升自己的教学能力。录播室的空间主要包含两部分：录播教室和主控室，如图 8-47 所示。

- 录播教室：负责采集教学活动中的各种可视化信号，包括教学场景可视化信号和教学设备可视化信号。教学场景可视信号是指教师教学视频、学生学习视频，以及教学现场音频信号。这些信号主要通过摄像头和无线麦克风进行采集。教学设备可视化信号则是通过教学设备展示并记录的教学活动信号，如交互式电子白板、实物展示台、电脑等。
- 主控室：是录播室的控制管理系统，通过控制台对信号采集的各项参数进行设置，如画面的清晰度、声音的大小、调用摄像头的数量及位置。除此以外，主控室计算机也能够安装后期媒体编辑软件如会声会影等，能够对已录制好的教学视频进行编辑，可添加片头、片尾，剪辑、替换、格式转换、单独抽取视频流等。

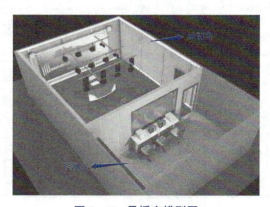

图 8-47　录播室模型图

从构成系统方面看，录播室主要包含视频系统、音频系统、灯光系统三大部分。

- 视频系统：一般由摄像机、视频切换台、录像机、图文字幕设备（如提词器）、设备控制、同步系统和技术监测系统组成。
- 音频系统：包括声源、调音台、声音信号处理设备、扩声部分（如音箱）等，其核心是调音台。
- 灯光系统：由吊挂系统、布光控制系统、灯具等组成。

目前，在这些基本的系统要素之上，已经演化出了不同类型的智能录播系统，可以伺服跟进师生运动轨迹，实时捕捉学生表情进行情绪识别，录播结束后可以对师生交互活动进行自动的行为分析。这些都是在基本的录播功能基础上借助植入的智能分析系统完成的。

二、教师录课的方式

在录播室录制课程的时候，主要有四种方式：

（1）电子白板实景式。

教师在演播室中利用电子白板进行授课，这种方式能够让教师获得与课堂教学类似的体验感，教师也可以及时将重要的教学内容进行标注、书写批注。

（2）新闻主播式。

这种方法类似于我们看到的新闻主持人，教师可以站或者坐在桌前，在提词器的辅助下讲授学习内容。教师在使用提词器时需要注意以下几点[1]：

- 主讲人距离提词器 2～3 米，太近影响构图，视线不自然，太远会看不清楚。
- 字幕显示器每屏控制在 4～6 行，每行显示 8～12 个中文汉字。
- 题词器一般选择黑底白字，可以减轻强光对眼睛产生的视觉疲劳，亮度和对比度也不要太高，以免影响节目图像的亮度。

（3）情境对话式。

这种方式要与对应的教学设计相结合，形式为多位教师或教师与学生通过对话或开展活动的形式进行授课，拍摄时，可以采用微电影式拍摄方法，分镜头、多机位进行拍摄。

（4）虚拟情境式。

在中国大学 MOOC 上，我们经常看到视频里教师的授课背景并不是真实的，可能是虚拟的场景，也可能是动态的图片背景，这种视频就是在虚拟演播室录制的，教师站在纯色背景（通常为蓝布或绿布）前，后期通过抠像技术将纯色的蓝色或绿色背景替换为想要的背景图片或动态背景场景。使用这种方式授课，教师一定要注意衣服颜色不能与背景相近。

三、录播室的工作模式

通常，录播室的工作模式有三种：全自动模式、半自动模式和全手动模式。

---

[1]　http://www.docin.com/p-941892083-f6.html。

- 全自动模式可以实现自动导播、自动跟踪，它的操作简单，电脑会根据课堂情况自动切换画面，但是容易出现画面切换不合理的情况。
- 半自动模式是手动导播，自动跟踪，在此模式下，能够自动跟踪人物拍摄画面，而操作者则根据授课的实情切换画面，在监控窗口中能够手动调整学生的拍摄画面，使得画面切换符合课堂情况，同时也生动多样。
- 全手动模式不管导播还是跟踪都需要手动来控制，多用于录制高质量的精品课程，但工作量很大，对电教老师要求高。

在平时的课程录制中，推荐使用半自动的工作模式。由主讲教师和学校技术工作人员相配合，完成课堂教学的录制。

四、机位

在进行拍摄的时候，最重要的是机位和灯光的布置。机位的布置主要分两种情况：

（1）拍摄教师。

如果只需要拍摄教师授课的过程，通常使用三个机位，如图 8-48 所示，①号为主机位，拍摄教师正面，②③号为侧机位，拍摄教师左右侧面，在拍摄的过程中，可以适当切换镜头，灵活使用全景、近景、中景和特写。

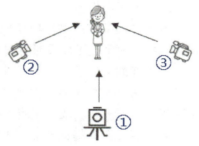

图 8-48　单人机位图

（2）拍摄师生。

如果课堂上还有学生参与，则加入拍摄学生的机位。如图 8-49 所示，①号主机拍摄教师正面，②③号为教师侧机位，④⑤为学生侧机位，⑥⑦作为游机，拍摄学生回答问题的特写镜头。如果摄像机不够时，教师侧机位、学生侧机位、游机可以根据情况减少一个。

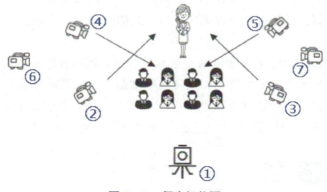

图 8-49　师生机位图

以上机位的布置通常都用云台将摄像机固定在录播教室的天花板或墙壁上，可以遥控各摄像机的拍摄角度，而不必占用地面的空间。

五、录课注意事项

很多老师面对复杂的录播系统不知如何下手，甚至把它当作一个普通的教室来使用，导致学校花巨资建造的录播室毫无用武之地。其实，老师们对于录播设备的恐惧只是来源于不敢尝试，一旦接触使用，就会发现，录播室的操作并不难，只要我们做好充足的准备，注意以下事项就可以录制一门优质的课程。

1. 录播前

（1）首先要准备好录制环境：打开全部灯光确保教室内光线充足；启动录播设备，按下开始录制键，当指示灯闪烁时，表示正在录制；拉上窗帘、关好门窗，避免外部噪音干扰。

（2）教师需与学生做好沟通工作，引导学生快速坐好，不要随意站立走动。

（3）课堂上需要使用的课件，音、视频文件等提前拷贝到录播室电脑进行测试，如有异常立即调试，以保证录课过程顺利进行。

（4）教师课件背景干净，不要太花哨，每一页文字不要过多，讲课时切忌照着 PPT 宣读文字。

2. 录播时

当录制开始时，为了提升录制的效果，教师应当注意：

（1）教师授课时在讲台的移动速度不要过快，尽量站在讲台中部区域，讲课过程中神态自然，举止端庄，声音洪亮，语速得当，避免各种小动作，避免身体晃动，板书时字体不要太小，尽可能美观大方。

（2）授课教师尽量不要穿条纹或者与背景颜色相近的衣服。

（3）教师摄像头通常在侧、后方，因此教师授课时，尽量面对镜头，减少面向屏幕而背对镜头的次数。

（4）当教师点名学生回答问题时，学生站立时长不少于 3 秒；在全自动拍摄模式下，教师应尽量避免采用学生挨个起立回答问题的方式，因为摄像机拍摄特写后会自动归位，学生挨个起立会影响跟踪效果。当需要使用这种教学方式时，老师可以走到学生区域，系统自动切换到全景，或者手动调整到学生全景拍摄。

（5）如果有突发情况，教师可以点击"暂停"，再点击开始后又会继续录制，生成完成视频。

3. 录制后

课程结束后，教师直接点击"停止"便可结束录制。这时，教师可以回放录制的视频，对效果进行预览，并关闭录播教室电脑、触控一体机、控制台软件、录播主机和电源开关。

第四节　回顾与练习

本章我们对各类信息化设备和环境已经有了基本的认识，我们一起来总结一下。

首先，我们学习的是电子白板，电子白板是在各级各类校园课室中最常见到的信息化设备，它自身的功能主要在于教学内容的展示。有了配套白板软件的使用，它将化身为一个强大的交互工具，不仅能够进行书写、绘图等简单操作，还可以设置丰富的教学活动与学生进行课堂互动，放大镜、遮屏等小工具更是为优化课堂提供不小的帮助。

然后是录播室，随着各种网络课程数量的增加与质量的提高，录播室成为教师录课和网络直播的一大去处。录播室适用于常规的教学录制，熟悉这种场景的课程录制，更能为教师适应今后的专业发展保驾护航。

常见问题

你在使用信息化设备进行教学的时候有没有遇到一些问题呢？看看下面这些问题是如何解决的吧！

Q1：将 PPT 导入希沃白板播放时，四周有黑边是什么原因？

A1：这可能是因为希沃白板的画面比例是 16∶9，而使用的 PPT 比例为 4∶3。只要将 PPT 的画面比例调整为 16∶9 就可以了，具体方法我们在前面 PPT 制作部分已经学习过了。

Q2：在演播室录课时，没有捕捉到学生回答问题的镜头怎么办？

A2：有时候学生回答问题简短，刚站起来，摄像机还没来得及对焦就坐下了，导致缺少学生回答问题的镜头，这时候，可以在课后进行补拍，教师学生都保持上课的状态，专门拍摄学生站起来回答问题，但这时一定要注意，场景要与上课时一致，不然就穿帮了。

拓展学习

如果想进一步学习信息化教学设备，以下慕课可以继续学习：

（1）交互式电子白板的应用：西北师范大学张筱兰教授在中国大学 MOOC 上开设的《交互式电子白板教学应用》国家精品课程。网址：https://www.icourse163.org/course/icourse-1001554015。

（2）虚拟现实技术：南宁师范大学杨上影等在中国大学 MOOC 上开设的课程《VR 教育资源快速开发与应用》。网址：https://www.icourse163.org/course/gxtc-1003542130。

练习提高

利用希沃白板 5 制作一个课件并用希沃白板来试教。

练习要求：

（1）课件至少包含五部分：标题页、目录页、内容页、练习页、结束页。

（2）使用工具栏中以下 3 ～ 5 种功能：文字、图形、多媒体、课堂活动、学科工具。

（3）使用希沃白板的放大镜、关灯、保存笔迹等功能进行教学演示。

第九章

在线直播云端见：实时的课堂教学

随着混合式教学理念的推广，翻转课堂教学的广泛实施，在线直播教学已经成为校园课堂面授的一个重要补充，特别是在新冠肺炎疫情暴发后，越来越多教师开始从线下走到线上，在直播间里为学生授课和答疑解惑，使得在线教育一度从边缘走向中心。其实在线教学从 20 世纪 90 年代末就已经在高校和成人学历教育领域推广普及了，属于远程教育的一个发展阶段，它有专门的远程教学方法和策略，这些都是教师要在熟练使用在线教学平台之后再考虑的。本章我们先简要了解五款常用的直播教学软件，然后专门学习钉钉和 CCTalk 的使用。在此基础上，读者可以进一步去了解功能更加强大的、支撑完全在线教学的一些平台功能，如课程资源呈现、师生互动等。

第一节　直播软件小比拼

一、直播软件面面观

谈到直播，我们首先想到的可能就是"抖音"。2016 年是直播元年，从新东方、学而思、网易云课堂等巨头，到学霸君、猿辅导、沪江网等，还有腾讯公司、爱奇艺、哔哩哔哩、YY、斗鱼这类综合直播平台，都争相推出教育直播频道。根据市场数据显示，中国市场至少拥有超过 200 家的直播平台。但这些直播软件多是社交软件，教师若将其用于开展视频直播教学就需要仔细筛选了。用于教育领域的主流直播软件如表 9-1 所示。

表 9-1　主流直播软件列表

类型	名称	主要功能
手机版	映客直播	美颜、镜像、录屏、调音台、贴纸、更换房间背景、背景音乐、友聊、发红包
	一直播	美颜、截图、贴纸、镜像、道具、一起播、私信、分享
	UMU	签到、发布文件、讨论、随堂练习、问卷
电脑版	QQ 群	屏幕分享（全屏、选择区域）、开启摄像头、演示白板、讨论
	CCtalk	创建课程、发布作业、上传文件、讨论帖、公告、添加直播讲义、录制、白板、随堂练习、屏幕分享、开启摄像头、学生上麦、直播数据
	ClassIn	创建课程、举手发言、课堂笔记、花名册、画笔批注、文字讨论、截图、布置作业、屏幕分享

续表

类型	名称	主要功能
电脑版	雨课堂	屏幕分享、签到、弹幕、板书、文字聊天、课件、试卷、公告、分组、随堂练习
	腾讯课堂（极速版）	分享屏幕、PPT 授课、播放视频授课、摄像头授课、开启防录制水印、课堂讨论、画板、签到、答题卡、画中画（屏幕分享＋摄像头）、举手上麦
	钉钉	课前签到、在线作业、连麦互动、画中画、屏幕分享、摄像头直播、白板、美颜、直播数据统计、发布公告、布置课后作业、免费录制直播视频、视频对话（通过视频会议功能实现）
	Zoom	屏幕共享、白板、分组讨论、共享文件、安排课程、录制视频、音视频对话

下面我们继续深入了解其中五款的主要功能，如表 9-2 所示，方便教师快速把握它们的不同，按需选用。

表 9-2　五大直播软件功能详细对比

	腾讯课堂	钉钉	CCtalk	映客直播	Zoom
屏幕共享	支持	支持	支持	不支持	支持
共享文件	通过屏幕共享功能共享各种类型的文件	在钉钉群传送各种类型的文件	直播可上传 PPT、PDF 格式作为讲义，课程群可发送各种格式文件	不支持	通过屏幕共享功能共享各种类型的文件和程序（在共享前要先打开）
课堂互动	1.签到 2.举手语音 3.答题卡 4.讨论区（文字和图片） 5.画板标注	1.签到 2.弹幕 3.文字图片聊天 4.语音连麦 5.作业 6.投票	1.试卷作业 2.小黑板通知 3.播放视音频 4.文字图片聊天	文字语音聊天	1.白板标注 2.文字聊天
课堂检测	支持（通过答题卡功能设置单选和多选题，可以查看统计结果）	支持随堂练习（单选题、多选题、填空题）	不支持	不支持	不支持
音视频对话	只支持音频对话	支持音视频对话（视频对话通过视频会议功能实现）	支持最多七人音频对话，支持一对一视频对话	不支持	支持音视频对话
录制和回放	支持（直播结束24小时内生成回放链接）	支持（教师可查看学生观看回放的数据）	支持	支持（至少20分钟）	支持本地录制和云端录制（云端录制要额外购买）
学习行为分析	支持（可查看学生观看直播和回放时长、进入课堂时间）	支持（可查看学生观看直播和回放的时长、课堂消息数和点赞数）	不支持	不支持	不支持
免费／付费	免费	免费	极速和普通模式免费，高清模式需付费	免费	加入会议免费，发起会议需付费

经过测试，干扰少，广告少，性能稳定、功能完善且受广大教师喜爱的是钉钉和CCTalk，这也是 2020 年疫情以来广大中小学教师普遍使用的两款软件，后面我们会进行详细介绍。

二、直播技巧记心上

对直播工具的掌握只是第一步，作为一名在线教师，如果要有效开展在线教学，还要多积累以下技巧知识。[①]

（1）确保良好的教学环境。

要开展直播教学，硬件设备和网络流畅是基础。教师可以选择手机或电脑进行直播，但网络通畅是顺利开展直播的前提，谁也不想看到一直卡顿的画面，既影响教学效果，也影响师生的教学情绪。另外，安静的环境也很重要，老师们开展直播教学的时候一定要避开家里的小朋友、小宠物，尽量选择安静、灯光充足的环境。另外，使用电脑或手机直播，切记关掉无关的窗口和程序，清理电脑桌面，避免弹出各种广告窗口干扰教学。

（2）选择合适的直播平台。

目前的直播平台有很多，教师需根据自身需求选择合适的平台，并尽可能熟悉平台操作，时间允许的话，直播并和其他师生进行预调试，对教学内容试讲一段以免临场紧张。

（3）提前建立班级学习社群。

教师可以通过 QQ、微信、班级管理平台等建立班级群，师生可以在班级群中及时沟通，发布教学资源，直播过程中也能进行在线答疑。

（4）充分备课。

直播授课前，教师要做好充足的授课准备，提前备好课堂要用的教学资源，分类放在文件夹中，并提前将学习资料发给学生预习，如此才能临阵不乱，保证课堂质量。

（5）注意仪容仪表，保持文明形象。

不管是传统课堂还是直播课堂，教师保持良好的形象十分重要，尤其是在网络环境中，一定要遵守网络规范，同时要求学生不得发表不当言论。另一方面，开展直播时，教师衣服颜色尽量纯色，背景空间不要放与教学无关的干扰物。

（6）设计丰富的在线互动活动。

面对屏幕，学生上课更容易走神，因此，教师一定要改掉传统教学中纯讲授的毛病，多设计一些教学互动，如利用直播平台发布随堂练习、开展小组讨论、组织小组合作等，多多利用弹幕小工具来调动学生的积极性。

第二节　钉钉的使用

钉钉（DingTalk）🔵是阿里巴巴集团专为中国企业打造的免费沟通和协同的多端平

---

① 华东师范大学开放教育学院在线教学团队：技术平台我能用之新手直播好入门 . https://mp.weixin.qq.com/s/XUJZ2UD0YZV8Yt3mJi8iVA，2020-02-09.

台，提供 PC 版，Web 版和手机版，支持手机和电脑间文件互传。在疫情期间，钉钉成为国家指定的直播教学平台得以广泛使用。

一、安装与注册

打开浏览器进入钉钉官网（https://www.dingtalk.com/）下载，安装后打开钉钉，点击"新用户注册"，输入信息注册成功后登录。如果已经注册，可直接通过手机号密码登录或手机端钉钉扫码登录。

二、如何开展直播

Step1：使用钉钉开展直播教学之前先要创建一个群聊，让所有参加直播同学都加入群聊，方法如下：点击钉钉首页搜索栏旁边的加号，选择发起群聊，在创建聊天面板中点击分类选择，根据需求选择合适的群聊类型，通常用于教学推荐使用班级群，如图 9-1 所示，选择"班级群"后，会生成一个二维码。

图 9-1　安排会议

Step2：用钉钉手机端扫描二维码，填写课程信息，点击创建即可。

Step3：创建群聊后，可以通过微信、QQ、钉钉、二维码四种方式邀请学生加入群聊，如图 9-2、图 9-3 所示。

图 9-2　创建群聊

图 9-3　分享

Step4：手机端创建完成后，回到 PC 端，在消息或通讯录面板中可以找到创建的群聊，找到直播的班级群，在对话框中点击图标 ▷ 发起直播，如图 9-4 所示。开始直播教学前，可以先发起课程签到。

图 9-4　发起直播

Step5：点击发起直播后，需要先对本次直播进行设置，钉钉提供了三种直播模式，如图 9-5 所示，分别是摄像模式、屏幕分享模式与专业模式.三种模式在直播过程中也可以进行切换。接着根据直播需求选择是否保存回放，是否支持学生连麦。

图 9-5　创建直播

Step6：创建直播后，会弹出两个面板，分别是工具面板（如图 9-6 所示）和互动面板（如图 9-7 所示），点击工具面板中的"开始直播"即进入直播状态。

图 9-6　工具面板

图 9-7　互动面板

现在我们依次来介绍工具面板中的每一个小工具：
- 露脸：在右上角显示主讲人拍摄画面，实现画中画效果。
- 麦克风：调整直播声音。
- 白板：调用钉钉白板，可进行书写和绘制图形。
- 消息：打开或关闭互动面板。
- 多群联播：选择多个群聊进行直播。

● 切换模式：切换直播模式。

Step7：授课结束，点击工具面板"结束直播"即可。这时，钉钉会自动生成直播数据与回放。

Step8：如果要查看回放，在消息面板中点击左侧"直播回放"进行查看，如图 9-8 所示。教师可以将直播回放的链接发送到班级群，也可以将回放视频下载再发送到班级群，比较推荐的是分享链接的方式。

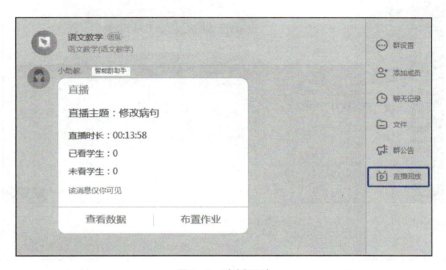

图 9-8　直播回放

钉钉直播功能只支持学生连麦发言，也就是在学生发言时，教师只能听到学生的声音，如果教师需要和学生进行视频对话，开展实时的互动，则可以使用视频会议功能，这样教师和学生都支持打开语音和摄像头，教师可以通过视频查看学生的学习状态。视频会议功能有演讲者视图和宫格视图两种布局。

第三节　CCtalk 的使用

CCtalk ◎是沪江旗下的交互式在线教育平台，能够为教师提供众多在线教育与课程管理工具。教师通过构建 CC 群作为学习社区，保证师生课上及时互动交流、课下延续双方交流、文件共享等。CCtalk 支持多个平台，在其官网（https://www.cctalk.com/）中选择合适的版本下载、安装。教师要想在 CCtalk 平台进行直播授课，首先需要入驻成为网师。在电脑和手机端都可以免费申请，选择网师身份类型，完善信息，在审核通过后，则表示入驻成功。网师身份类型有三种：个体网师、机构和学校。

Step1：入驻网师之后，首先要创建课程，方法是：打开 CCtalk—在课程面板中点击搜索框左边的"＋"—选择公开课 / 付费课—填写课程资料即可—确认创建，如图 9-9、图 9-10、图 9-11 所示。

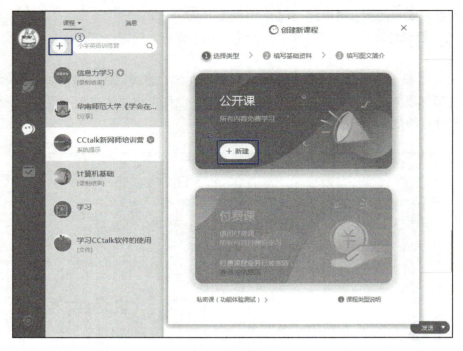

图 9-9 创建课程 1

图 9-10 创建课程 2

图 9-11 创建课程 3

Step2：创建的课程会显示在课程面板中，进入课程点击右边"新建"按钮，可选择发布直播预告或立即直播，如图 9-12、图 9-13 所示。选择发布直播预告需先确定直播的内容和时间，创建后会立即以消息的方式通知加入课程的所有学员。

图 9-12　创建直播

图 9-13　发布预告

Step3：进行直播时，首先选择直播模式，模式选择后在直播过程中不可更改，接着上传课程讲义，讲义支持 PPT 和 PDF 格式，大小不得超过 80M。

CCtalk 直播授课支持三种形式，极速直播、普通直播及高清直播，如表 9-3 所示。教师可根据自己的教学场景及网络设备等实际情况选择相应的模式。

表 9-3　CCtalk 三种直播模式

直播模式	极速直播	普通直播	高清直播
模式特点	低流量消耗，无延迟	智能调控延迟	画质佳，支持 OBS
功能特点	仅支持 PPT、语音、白板	PPT、语音白板、多媒体、摄像头、屏幕分享	包含前面所有功能，且有较高清晰度及帧率（需购买）

Step4：直播时，界面如图 9-14 所示，当打开摄像头时，会在屏幕下方显示主讲人拍摄画面。

工具栏主要包括：结束直播、录制、讲义库、摄像头、屏幕分享、多媒体、白板、随堂练习，如图 9-15 所示。

Step5：设置"随堂练习"，如图 9-16 所示，创建名为"课堂练习 1"的随堂练习，有单选题、多选题、填空题三种题型供我们选择，如图 9-17 所示。

图 9-14　直播面板

图 9-15　工具栏

图 9-16　创建随堂练习

图 9-17　选择题型

● 单选题：如图 9-18 所示，编辑题干、选项、题目解析—选择正确的答案—保存。

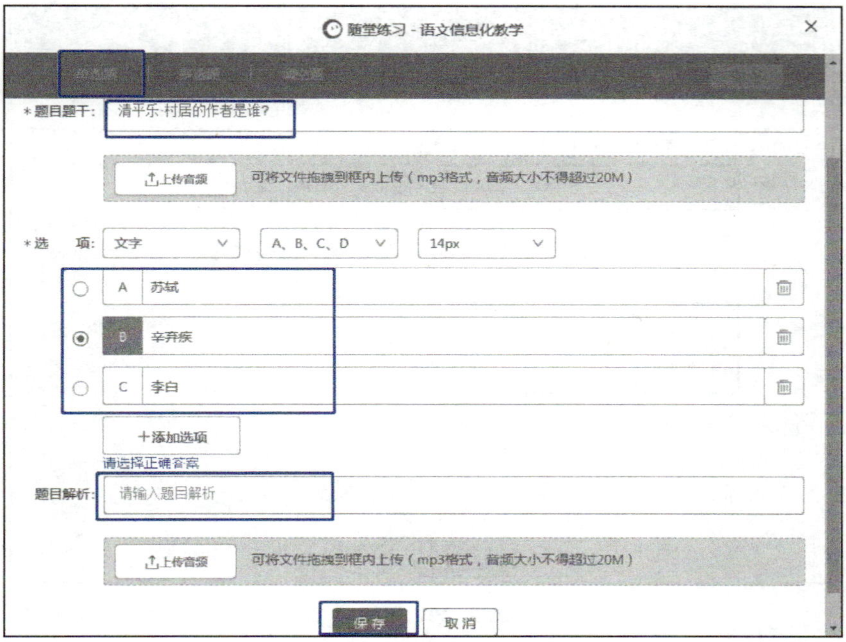

图 9-18　单选题

- 多选题：如图 9-19 所示，编辑题干、选项、题目解析—选择正确的答案（至少两个）—保存。

图 9-19　多选题

- 填空题：如图 9-20 所示，编辑题干，填空部分选择"空"—填写题目答案、题目解析—保存。

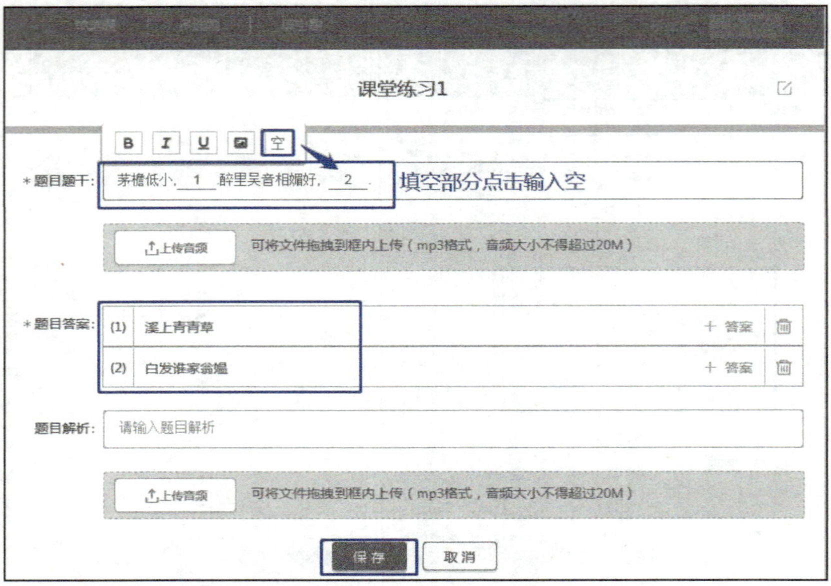

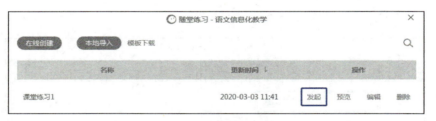

图 9-20　填空题

Step6：保存后，选择创建的随堂练习，点击"发起"，将练习发送给每一位参加直播的学生，如图 9-21。

图 9-21　发起练习

在答题过程中，教师可以看到随堂练习的答题情况，如图 9-22 所示。

图 9-22　答题情况

Step7：授课完成后，点击"结束直播"，可查看直播的详细数据。

注意：教师在使用 CCtalk 进行直播时，有一定的限制，每天教师只能分别使用四个小时的屏幕分享功能和多媒体播放功能。

第四节　回顾与练习

这一章我们主要学习如何开展直播教学，比较详细介绍了在疫情期间跃升为主位的在线直播工具钉钉和 CCtalk。严格意义上说，它们不是设备，是一种软件平台。一般来说，手机直播工具功能比较简单，主要就是通过前后摄像头录制，但操作容易上手，也非常大众化这两款基于 PC 端的更为专业的直播工具提供了更多的功能，比如屏幕分享、注释等，甚至有些专为在线教学打造的还可以进行课堂互动，实时答题签到。随着混合式教学模式的普遍应用，教师可以按照实际教学需要随时开展线上教学和课堂面授教学相结合的某种混合式教学，这将大大延伸课堂的时间和空间，为学生的自主学习提供更多的选择。

练习

使用钉钉或 CCtalk 直播软件进行一次线上直播教学授课。

练习要求

（1）直播时间不少于 10 分钟。

（2）设置一次实时互动问答活动。

（3）设置随堂练习题 2 个。

第四篇

因材施教：进无止境的智慧教学

···

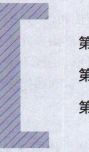

第十章

身边的人工智能

国务院 2017 年发布《新一代人工智能发展规划》，这是面向智能社会做好充分准备的号召，数字化社会已然到来。本章我们将了解人工智能的由来、发展、实际的应用领域以及机器人这一最有代表性的发展方向，进而了解人工智能在教育中的应用，特别是目前应用最多的人脸识别技术以及大数据学习分析。人工智能与大数据是孪生兄弟，我们还将了解基于大数据的智能化精准教学如何让个性化的因材施教成为可能。

第一节　智慧社会面面观

一、人工智能怎么来的

人工智能（Artificial Intelligence，缩写为 AI）是研究、开发用于模拟、延伸和扩展人的智能的理论、方法、技术及应用系统的一门新的技术科学。作为计算机科学的一个分支，它企图了解智能的实质，并生产出一种新的能以人类智能相似的方式做出反应的智能机器，该领域的研究包括机器人、语言识别、图像识别、自然语言处理和专家系统等。研究范围涉及自然语言处理、知识表现、机器学习、知识获取、组合调度问题、不精确和不确定的管理、机器表达等。实际应用主要有机器视觉、语言和图像理解、专家系统、自动规划、智能搜索、自动程序设计等方面。

1. 国外标志性事件

1955 年，世界各地的科学家已经开始思考一些概念问题，比如神经网络和自然语言，但还没有统一的概念来概括这些与机器智能有关的领域。达特茅斯学院（Dartmouth College）数学教授约翰·麦卡锡（John McCarthy）创造了"人工智能"这个术语来囊括这一切。1956 年举行的"达特茅斯会议"成为 AI 发展史上的标志性事件，与会的多位学者成为 AI 之父。

人工智能的概念形成于 20 世纪 50 年代，其发展阶段经历了三次大的浪潮。第一次是 20 世纪 50 ～ 60 年代，注重逻辑推理的机器翻译时代；第二次是 70 ～ 80 年代，依托知识积累构建模型的专家系统时代；第三次是 2006 年起开始的重视数据、自主学习的认知智能时代。在数据、算法和计算力条件成熟的条件下，人工智能开始真正解决问题，切实创造经济效果。

二十多年前 IBM 的超级计算机"深蓝"二代创造了一项里程碑。1997 年 5 月 11 日"深蓝"战胜了当时国际象棋世界冠军卡斯帕罗夫（Garry Kasparov），人工智能的公众形象大幅提升。

2011 年，谷歌工程师杰夫·迪恩（Jeff Dean）和斯坦福大学计算机科学教授吴恩达建立了一个大型神经网络，随机上传了 1 000 万张没有标签的来自 YouTube 的截图，他们并没有要求神经网络提供任何特定信息或标记图像。当神经网络在"无监督"的状态下运行时，它们自然会试图在数据中找到模式，并形成分类，神经网络对图像数据进行了为期三天的处理，返回了一个输出，该输出包含三个模糊图像，这些图像描述了它在测试图像中一次又一次看到的"图案"——人脸、人体和猫，如图 10-1 所示。

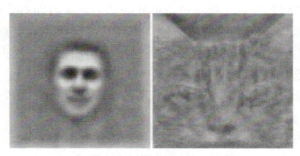

图 10-1　神经网络看到人脸和猫（2011 年）

2016 年被称为国际上的人工智能元年。在这一年，DeepMind 的科学家们（现属于谷歌）开发了一个名为 AlphaGo 的神经网络模型。该模型与其他版本的 AlphaGo 进行了数千场比赛，学习 AlphaGo 的输赢策略。3 月，AlphaGo 在一系列比赛中以 4 比 1 击败了世界上最伟大的韩国棋手李世石（Lee Sedol），现场如图 10-2 所示。但新一代的 AlphaGo Zero 又以 100：0 的成绩，战胜了 AlphaGo。AlphaGo 需要与人类专家进行成千上万次对弈才能"学会"战胜围棋大师，AlphaGo Zero 则仅仅通过自学就能战胜强大的 AlphaGo。

图 10-2　AlphaGo 打败人类围棋冠军（2016 年）

除谷歌阿尔法狗打败世界围棋冠军李世石这件事外，人工智能爆发元年的重大事件还有谷歌 WaveNet 可以合成更逼真的人声、微软人工智能设备的语言理解能力击败人类、谷歌人工智能翻译工具获新突破、IBM 研制出世界首个人工相变神经元、德国开发出了能感知疼痛的人工神经系统，等等。

2. 国内标志性事件

我国人工智能应用元年是 2017 年。3 月，"人工智能"首次被写入政府工作报告，这意味着人工智能已上升为国家战略。7 月，国务院印发的《新一代人工智能发展规划》（国发〔2017〕35 号）指出，到 2020 年，中国的人工智能总体技术和应用将与世界先进水平同步。到 2030 年，将成为世界主要人工智能创新中心。就教育而言，该规划还提出"实施全民智能教育项目，在中小学阶段设置人工智能相关课程，逐步推广编程教育，支持开展人工智能竞赛，鼓励进行形式多样的人工智能科普创作"。同时批准建立四个国家新一代人工智能开放创新平台：依托百度公司建设自动驾驶国家新一代人工智能开放创新平台，依托阿里云公司建设城市大脑国家新一代人工智能开放创新平台，依托腾讯公司建设医疗影像国家新一代人工智能开放创新平台，依托科大讯飞公司建设智能语音国家新一代人工智能开放创新平台。因此业界把 2017 年称为我国 AI 应用元年。

2017 年不少科技公司巨头和科技创业公司都纷纷瞄准人工智能领域，各种重大成果和突破性进展不断涌现。在国家新一代人工智能开放创新平台建设方面，截止到 2019 年 11 月，科技部分两批建设了共 15 家平台，被誉为"人工智能国家队"，覆盖自动驾驶、城市大脑、医疗影像、智能语音、智能视觉、基础软硬件、智能供应链、图像感知、视觉计算等多个领域的应用场景，依托单位涵盖了百度、阿里、腾讯、科大讯飞、商汤、华为、京东、旷视、依图等多家人工智能头部企业。

根据科技部印发的《国家新一代人工智能创新发展试验区建设工作指引》，到 2023 年，我国将布局建设 20 个左右人工智能创新试验区。自 2019 年到目前已经分两批建设了 11 个，包括北京、上海、天津、深圳、杭州及德清县、合肥、重庆、成都、西安、济南等城市。届时，人工智能将逐步融入人们的生活和生产各领域中。

3. 人工智能的技术应用

人工智能的研究领域很多，包括机器人、语言识别、图像识别、自然语言处理和专家系统等。实际应用有机器视觉、指纹识别、人脸识别、视网膜识别、虹膜识别、掌纹识别、专家系统、自动规划、智能搜索、定理证明、博弈、自动程序设计、智能控制、机器人学、语言和图像理解、遗传编程等。

当前深度学习是人工智能领域的一个重要领域。简单来说，机器学习是实现人工智能的一种方法，深度学习是实现机器学习的一种技术。机器学习使计算机能够自动解析数据、从中学习，然后对真实世界中的事件做出决策和预测；深度学习是利用一系列"深层次"的神经网络模型来解决更复杂问题的技术。

目前，典型的深度学习模型主要有深度信念网络（Deep Belief Networks，简称 DBN）、卷积神经网络（Convolutional Neural Network，简称 CNN）和递归神经网络（Recurrent Neural Networks，简称 RNN）。

二、人工智能的实际应用

人工智能技术作为现阶段计算机领域内最为前沿的科学技术，在为人们提供智能化服务，有效满足人们对生活的需求等方面前景广阔。我们看看人工智能在智慧交通、智慧农业、智慧工业以及智慧医疗方面的应用吧！

1. 智慧交通

智慧交通最典型的案例之一要属杭州的城市大脑。它是一个能够对全城视频进行实时分析的人工智能系统。2016 年 10 月，阿里云 ET 城市大脑在杭州落地，首先应用于城市交通管理。城市大脑可以通过影像识别、大数据处理，智能调节交通信号灯，缓解交通拥堵。城市大脑可以自动搜索路面突发事件，实时分析出事故和违章，在第一时间报警，能有效地缓解因事故造成的交通拥堵。重庆、深圳、苏州、西安、雄安、澳门等引入了城市大脑，对交通进行实时智能管控。

在无人驾驶汽车的研发和运用方面，百度公司有专门机构研发。2017 年 12 月，4 台"阿尔法巴智能驾驶公交系统"的深圳巴士集团公交车在福田保税区首发试运行，这是全球首次在开放道路上进行的智能驾驶公交试运行。

无人机也是智慧交通的一种应用领域。2018 年 9 月 28 日中国信通院发布《5G 无人机应用白皮书》① 中列举的无人机应用场景包括：物流、农业植保、巡检、安防、救援、测绘、直播、编队飞行、未来云端 AI 自主飞行等。我国无人机做得比较好的企业有：DJI 大疆创新、Parrot 派诺特、AEE- 电科技和零度智控等。

2. 智慧农业

智慧农业是将物联网技术运用到传统农业中，运用传感器和软件通过移动平台或者电脑平台对农业生产进行控制，使传统农业更具"智慧"。除了精准感知、控制与决策管理外，从广泛意义上讲，智慧农业还包括农业电子商务、食品溯源防伪、农业休闲旅游、农业信息服务等方面的内容。

在精细化种植方面，百度推出的 AI 遥感智能监测病虫害的最新成果，通过精准科学用药，农药使用量降低 50%，不仅大幅度降低投入而且还能保障产量；在农机自动驾驶领域，合众思壮公司完全自主研发的北斗导航农机自动驾驶系统"慧农"，现已应用于十多个省份，覆盖数百万亩耕地。

使用无人机播种水稻成为新农村的一景。插秧人手拿着遥控器站在田埂上就可轻松完成播种、打药等工作。过去的机械植播一小时可播 5～8 亩，最高峰能播 100 亩左右，而如今无人机植播一小时可播 100 多亩，不仅省去了育秧、插秧，更省时省力省钱。

2018 年 6 月，阿里正式发布了阿里云 ET 农业大脑，将人工智能与农业深入结合。目前，阿里云 ET 农业大脑已应用于生猪养殖、苹果及甜瓜种植，已具备数字档案生成、全生命周期管理、智能农事分析、全链路溯源等功能。

3. 智慧工业

工业 4.0 的概念源于 2011 年德国汉诺威工业博览会，其初衷是通过应用物联网等新

---

① 5G 无人机应用白皮书：9 个案例帮你了解网联无人机 . https://www.sohu.com/a/270301182_175233.

技术提高德国制造业水平，将物联网和智能服务引入制造业，它包括三大主题：智能工厂、智能生产和智能物流，其本质依然是以信息技术为核心的第三次工业革命的成果，可以用公式来表示：自动化＋机器人＋网络＝工业 4.0。这方面的例子有德国安贝格西门子智能工厂、德国博世洪堡工厂、德国巴斯夫化工集团盖泽斯劳滕工厂、中国石化九江石化智能工厂、美国工业互联网联盟等。

美国特斯拉的"未来工厂"，这个号称全球最智能的全自动化生产车间里，从原材料加工到成品的组装，全部生产过程除少量零部件外，几乎所有生产工作都自给自足。冲压生产线、车身中心、烤漆中心与组装中心，这四大制造环节总共有超过 150 台机器人参与工作，在车间中很少能见到有人的影子。

华为公司使用人工智能技术用于手机的生产制造流程，整个手机的出产都是流水线操作，一部华为手机的生产只要 20 秒钟。

4. 智慧医疗

图像识别、深度学习、神经网络等关键技术的突破带来了人工智能技术新一轮的发展，大大推动了以数据密集、知识密集、脑力劳动密集为特征的医疗产业与人工智能的深度融合。

人工智能在医疗领域有五大方面：医疗机器人、智能药物研发、智能诊疗、智能影像识别、智能健康管理等。智慧医疗离不开大数据的支持进行远程诊断和治疗。根据国家卫计委的规定，现阶段远程医疗的服务项目包括：远程病理诊断、远程医学影像（含影像、超声、核医学、心电图、肌电图、脑电图等）诊断、远程监护、远程会诊、远程门诊、远程病例讨论等。

医疗机器人方面，目前有两种，一是能够读取人体神经信号的可穿戴机器人，也叫"智能外骨骼"；另一种是能够承担手术或医疗保健功能的机器人，以 IBM 开发的达·芬奇手术系统为典型代表，是世界上最有代表性的做手术的机器人。"达·芬奇手术系统分为两部分：手术室的手术台和医生可以在远程操控的终端。手术台是一个有三个机械手臂的机器人，它负责对病人进行手术，每一个机械手臂的灵活性都远远超过人，而且带有摄像机可以进入人体内的手术，因此不仅手术的创口非常小，而且能够实施一些人类一生很难完成的手术。在控制终端上，计算机可以通过几台摄像机拍摄的二维图像还原出人体内的高清晰度的三维图像，以便监控整个手术过程。目前全世界共装配了 3 000 多台达·芬奇机器人，完成了 300 万例手术。"此外还有血管机器人，如图 10-3 所示，可以治疗血栓、清除癌细胞，可以代替外科手术。

图 10-3　纳米血管机器人

智能诊疗方面，在 AI+ 辅助诊疗的应用中，IBM Watson 是目前最成熟的案例。IBM Watson 可以在 17 秒内阅读 3 469 本医学专著、248 000 篇论文、69 种治疗方案、61 540 次试验数据、106 000 份临床报告，还通过了美国职业医师资格考试，并部署在美国多家医院提供辅助诊疗服务。在国内，2019 年 6 月，北京积水潭医院田伟院长在机器人远程手术中心，通过远程系统控制平台，与嘉兴市第二医院和烟台市烟台山医院同时连接，成功完成了全球首例骨科手术机器人多中心 5G 远程手术。这也是智能诊疗的应用案例。

三、未来人工智能的发展

美国计算机科学家、未来学家雷·库兹韦尔（Ray Kurzweil）预计，人工智能将在 2029 年比肩或超越人类智能。未来科技必将是以信息技术为基础的聚合科技的发展，即 NBIC 聚合科技，分别代表纳米技术（Neuro）、生物技术（Biology）、信息技术（IT）和认知科学（Cognition）。这些技术的聚合将为人类科技发展史涂上浓墨重彩的一笔。

互联网、大数据、人工智能等技术快速发展，深刻改变着人们的生产生活方式，经济社会各行业人才需求的变化导致人才观发生彻底改变，工业时代建立起来的教育体系已不能适应信息时代的人才培养要求。2017 年，美国专注于信息技术研究和分析的机构 Gartner 公司发布的研究报告显示：到 2020 年，人工智能可能会消灭 180 万个就业岗位，同时带来 230 万个新的就业岗位。信息技术深刻改变了各行业对劳动者知识、能力、素养的要求。信息素养、计算思维、沟通协作能力、复杂问题解决能力、人机协作能力等将成为信息时代人才最重要的核心能力，而智能教育可以更好地助力因材施教。

第二节　机器人：能帮我们做什么

一、机器人是什么

机器人是一种自动化的机器，所不同的是这种机器具备一些与人或生物相似的智能能力，如感知能力、规划能力、动作能力和协同能力，是一种具有高级灵活性的自动化机器。

随着人工智能技术的发展，机器人应用于众多领域，尤其在对理解自然语言、机器学习、人工神经网络、机器视觉和智能调度和智慧的研究中，使机器人在越来越多的领域中得到广泛的应用。人工智能是机器人的大脑和灵魂，决定机器人产业的前途。机器人是人工智能的一个载体，是人工智能技术的一个应用领域。

二、产业类机器人：减负高手

机器人在 AI 的助力之下迅速发展，真是让人措手不及。不久的将来，售货员、市场销售员、银行职员、个人理财顾问等职业都会逐步被机器人所取代，社会产业结构正在发生变革。

1. 工业机器人

工业机器人主要是充当工人的角色，适合大规模流水线作业的工作都可以交给机器人来做。

在埃隆·马斯克（Elon Musk）的特斯拉工厂，机器人参与所有制造过程，喷漆烤漆全程由机械手臂操作，挡风玻璃也不需要人工安装，甚至连座椅安装都无人参与，冲压一个发动机盖只要 6 秒，机械手臂转移车架，机器人无缝对接。

在 2020 年新冠肺炎疫情期间，上海发那科机器人的口罩生产线在湖北省的一个企业上线。

2. 服务机器人

服务机器人是一种半自主或全自主工作的机器人，它能完成有益于人类的服务工作，但不包括从事生产的设备。

2018 年 9 月，豹小秘亮相双创会的现场，为用户提供包括智能引领、服务接待、讲解咨询、语音交互等多项功能和服务。

2022 年北京冬奥会服务型机器人创新产品测评大赛首轮名单公布了 11 款智能机器人，涵盖了公寓入住、移动售货、社区配送、点菜送餐、客房服务、导览翻译、安防巡检等 7 大场景的应用。

3. 特种机器人

机器人除广泛应用于制造业领域外，还应用于救灾排险、医疗服务等高危行业。

消防灭火机器人是集成了众多前沿技术的运动机器人。上海某消防设备有限公司研发的履带式消防灭火机器人适用于大型仓库、建筑物、石油化工、油罐区等高温、强热辐射、易坍塌场所（消防装备及无法靠近），进行冷却、灭火及化学污染场所的洗消作业等，可以明显避免人员伤亡等现象发生。

在 2020 年新冠肺炎疫情的特殊时期，5G、AI 机器人、云计算、大数据等新技术再次发挥作用，协助甚至替代人类去做危险性的工作。巡视机器人"建国"可以在 100 米外人像识别、5 ~ 20 米无接触身份核验基础上，内嵌的认证核验系统可打通公安部身份证数据库，进行远距离、无接触地进行身份证核验。在深圳鹤洲检查站，优必选科技的 5G 机器人义警"黄田田"充当高速检查站义警，如图 10-4 所示，全天 24 小时提醒过往司机提前扫码登记，可以节省 4 名警力，减少人员近距

图 10-4　5G 机器人义警"黄田田"提醒回深圳车辆扫码登记

接触带来的感染风险。"黄田田"还会进行疫情广播宣传，减轻警力压力。

4. 物流机器人

我国快递业继续在高位保持总体平稳、稳中有进的良好态势，2019 年全年快递业务量超过 600 亿件。目前，我国物流业正努力从劳动密集型向技术密集型转变，由传统模式向现代化、智能化升级，伴随而来的是各种先进技术和装备的应用和普及。

例如京东物流机器人，能实现自动化运作、数据化运营和智慧化供应链。在机器人仓中，通过新一代引擎的命中算法，机器人利用无线网络控制接收信息，货物从入仓开始，通过智能电商订单拣选系统，完成了包括上架、拣选、补货、退货和盘点等一系列智能化的作业流程，节省了几十公里的人工拣货工程。

二、情感机器人：减压伙伴

随着科技的进步，云计算和人工智能让机器人做出更加类人的行为。关于情感机器人的理论有情感计算（Affective Computing）、人工心理（Artificial Psychology）和感性工学（Kansei Engineering）等，其中"情感计算的目的是通过赋予计算机识别、理解、表达和适应人的情感的能力来建立和谐人机环境，并使计算机具有更高的、全面的智能"。

全球人口老龄化社会的到来，一批高替代性的"情感机器人"面世，似乎人类在瞬间被带进了机器人 3.0 时代。挪威的养老院里，酷似海豹的机器人"帕罗"能够对人类的抚摸做出亲切的回应，让不愿与任何人开口说话的老年痴呆症患者说"你好"。

索菲娅（Sophia），全球第一个具有公民身份的机器人，2017 年 10 月被授予沙特公民身份。这款人形机器人是以奥黛丽·赫本（Audrey Hepburn）为模本，由总部位于中国香港的 Hanson Robotics 公司开发的，她可以聊天、顽皮地微笑甚至讲笑话。虽然索菲娅有许多能力给人留下深刻印象，但她还没有意识。

情感机器人背后的技术的情感计算，能通过人的面部表情，人说话的字里行间的语意，人的声音、姿态等要素，去感知人的情绪。情感机器人能理解自然语言，拥有情感，也能够察觉人类的感情。

不论机器人技术怎样发展，都要遵守业内的公约，这就是"机器人三定律"。

第一定律：机器人不得伤害人类个体，或者目睹人类个体将遭受危险而袖手不管，除非这违反了对于机器人的第零定律。

第二定律：机器人必须服从人给予它的命令，当该命令与第零定律或者第一定律冲突时例外。

第三定律：机器人在不违反第零、第一、第二定律的情况下要尽可能保护自己的生存。

后来人们又增加了一个第零定律：机器人必须保护人类的整体利益不受伤害。

第三节 教育人工智能与人工智能教育

一、教育人工智能：应用与开发

1. 人工智能的便利性

人工智能能为教育带来什么便利呢？对教育机构、学生和教师三大主体来说作用如下：

- 教育机构：可辅助或替代招生咨询、升学指南、排班分班、课堂管理等。
- 学生：可支持个性化习题提供、大学报考指南、作业辅助和语言学习等。
- 教师：可辅助教研，如备课、习题、考试计划、授课、答疑、作业批改和考情分析等。

AI 正让教育走向真正的个性化、规模化和效率化，作为一线教师，我们也应该充分利用科技给我们的教学带来的便利。

2. 人工智能教育有关企业和产品成熟度

目前，中国人工智能教育企业共计 38 家[①]，主要分布在北京、上海。这些企业几乎都成立于 21 世纪。成立时间最长的企业是于 1999 年创立的科大讯飞，成立五年内的初创公司占比 45%。各企业也争相开发了相关的人工智能教育产品。技术的成熟度在很大程度上决定了其应用的场景和其对应功能的实现。目前，语音测评、智能批改、拍照搜图、语音交互、分级阅读、情绪识别和自适应教学功能对应的技术成熟度如表 10-1 所示。

表 10-1　人工智能教育中主要功能应用的成熟度评价

功能	主要应用技术	技术成熟度	对于教育环节本身的依赖程度	场景应用成熟度
语音测评	语音识别	高	低	高
智能批改	图像识别（OCR）	高	高	高
拍照搜图	图像识别（OCR）	高	高	高
语音交互	语音识别 自然语言处理	中	低	中
分级阅读	自然语言处理	中	高	低
情绪识别	图像识别 自然语言处理	中	低	低
自适应教学	全部	低	强	低

3. 基于深度学习的人工智能教育应用产品

基于深度学习的教育大数据挖掘技术已经深入到学生学习追踪及表现预测、辅助教学、考试应用、学生行为和心理识别等领域，微软、谷歌、科大讯飞、IBM、百度、哈工大讯飞联合实验室等主要机构已将相关研究做成了教育应用产品，对比如表 10-2 所示。

表 10-2　深度学习技术在教育大数据挖掘领域的相关产品

机构名称	深度学习技术的应用说明	相关的产品
微软	通过深度学习技术在英语机器翻译和中文语音合成方面取得了良好的成绩，转而支持教育服务工作	微软小英 - 英语口语学习软件、同声传译系统
谷歌	通过深度学习解决了语音识别、图像识别和自然语言处理中的诸多问题，被学习者作为辅助学习工具	谷歌翻译
科大讯飞	提出基于前馈型序列记忆网络的语音识别系统，并创新性将智能语音技术应用于教育领域	智能微课工具、译呗
IBM	向电脑问答系统中导入深度学习，在机器人助教研究中发挥作用	IBM Watson
百度	在语音识别中使用了深层卷积神经网络和长短期记忆模型，以及将深度学习应用到搜索引擎中等，在这些技术的应用中占很大比例的就是教育应用	百度智慧课堂 百度翻译
哈工大讯飞联合实验室	通过深度学习技术在机器翻译、作文评分、阅读理解等方面提高准确率	作文评分系统

---

① 亿欧智库 2019 全球人工智能教育行业研究报告。

二、人工智能教育：人才储备与计算思维的培养

1. 人工智能教育的政策

人工智能技术被称为第四次工业革命，各发达国家都把这一技术作为最大的发展战略，我国把它提升到国家战略。人工智能对教育的影响不仅仅是技术的赋能，更有对人才培养方向和理念的影响。

2019 年 3 月，教育部公布了 2018 年度 35 所高校获首批人工智能新专业建设资格，此外，开设泛人工智能相关专业的高校多达 344 所。2020 年 3 月，教育部再次公布了 2019 年度普通高等学校本科专业备案和审批结果，179 名高校获批新增人工智能本科专业，总计有 214 所高校获批开设人工智能本科专业。这些预示着高校将为我国人工智能理论、技术和应用领域培养和储备精英人才。

2. 培养学生的计算思维

卡内基·梅隆大学华裔计算机科学家周以真于 2006 年在《Communications of the ACM》杂志首先提出"计算思维"的概念，认为计算思维就是运用计算机科学的思维方式及基础概念进行问题解答和系统设计，像计算机科学家一样思考问题、理解问题、解决问题等一系列涵盖计算机科学的思维活动。

2017 年教育部发布的《普通高中信息技术课程标准》将计算思维作为信息技术学科的四大核心素养之一，对计算思维的描述是："个体运用计算机领域的学科方法界定问题、抽象特征、建立结构模型、合理组织数据，通过判断、分析与综合各种信息资源，运用合理的算法形成解决问题的方案，总结利用计算机解决问题的过程与方法，并可迁移到与之相关的其他问题解决中的一种学科思维"。

当前计算思维教育被认定为促进 21 世纪核心技能发展的重要方式，其符合"教育要面向未来"的基本逻辑，有助于教育界实现"学生应具有适应技术要素日益丰富的社会"的愿望。当计算思维被认定为每个学生都应掌握的能力以后，各国的计算机科学教育开始呈现低龄化、全员参与的特点，计算思维的培养成为贯穿各个学段的核心思想，主要工具分为图形化 / 模块化编程语言（如 Alice、Game Maker、Kodu 和 App Inventor）、游戏化编程环境（Minecraft、Cargo Bot、Toontalk、Light Bot、Tynker）、基于 Web 的模拟创作工具（如 Agentsheets、Agentcubes 和 Caspio）和开源电子原型平台（Arduino、Gogo Boards）等实物媒体，以及相对简单的高级语言（Python、RAPTOR、Ruby、Java、Scheme），都可以成为初学者所需的"低门槛、高天花板"编程环境，如表 10-3 所示。

表 10-3　促进计算思维教育的主要工具

类型	主要代表
图形化 / 模块化编程语言	LOGO、Alice、Game、Maker、Kodu、App Inventor
游戏化编程环境	Minecraft、Cargo Bot、Toontalk、Light Bot、Tynker
基于 Web 的仿真部署工具	Agentsheets、Agentcubes、Caspio
开源电子原型平台	Arduino、GoGo Board、Little Bits
相对简单的高级语言	Python、RAPTOR、Ruby、Java、Scheme

在这些工具中，图形化与模块化的编程语言最受计算思维教育工作者的欢迎。非营利机构 Code.org 等在全球推动普及计算机科学教育活动，各式新奇的机器人（Cozmo、Wonder Workshop）、纸牌（Robot Turtles）类教学工具也被开发出来，用于激发学生数学思维与计算思维发展。相比高级的编程语言，图形化与模块化的编程语言使得编程变得简单，使学习者避免陷入编程语法的困境，有助于让学生专注于他们的设计和创造。

游戏的设计与开发、机器人等课程中所用的高级计算机编程语言，也是培养学生计算思维的利器。它们不仅能够较好地吸引学生的注意力，还能让学生了解计算机科学，但需要以学生学过 Python、Java 与 Scheme 等语言为基础，普适性较弱。

第四节　校园人脸识别：刷出精度与安全

一、认识人脸识别技术

生物识别技术是指通过计算机利用人体所固有的生理特征来进行个人身份鉴定的技术，生物特征识别技术所研究的生物特征包括脸、指纹、手掌纹、虹膜、视网膜、声音（语音）、体形、个人习惯（例如敲击键盘的力度和频率、签字）等，相应的识别技术就有人脸识别、指纹识别、掌纹识别、虹膜识别、视网膜识别、语音识别（用语音识别可以进行身份识别，也可以进行语音内容的识别，只有前者属于生物特征识别技术）、体形识别、键盘敲击识别、签字识别等。

人脸识别技术就是生物识别技术最具代表性的领域。一般来说，人脸识别系统包括图像摄取、人脸定位、图像预处理以及人脸识别（身份确认或者身份查找）。系统输入一般是一张或者一系列含有未确定身份的人脸图像，以及人脸数据库中的若干已知身份的人脸图像或者相应的编码，而其输出则是一系列相似度得分，表明待识别的人脸的身份，其算法有基于人脸特征点的识别算法、基于整幅人脸图像的识别算法、基于模板的识别算法、利用神经网络进行识别的算法等。

同其他生物识别技术相比，人脸识别技术具以下优越性：（1）不需要人工操作，是一种非接触的识别技术；（2）快速、简便；（3）直观、准确可靠；（4）性价比高，可扩展性良好；（5）可跟踪性好；（6）具有自学习功能。

二、人脸识别技术在学校应用的领域

1. 学校校园门口打卡登记

校园安全是关乎师生安心教学的大事。校园出入口门禁智能人脸识别闸机，能对出入的人员进行人脸身份识别和大数据分析，实行对全校教职工、学生、外来人员等进行人员区分通过和管理，防止外来人员的随意出入，提升校园内部的安保级别，效率更高、识别更加精准，为师生提供一个更安全的校园环境。同时还能记录学生进校和出校的时间等数据，这些都是宝贵的学生行为数据。

2. 考试考查的人脸识别

近年来，各大高校逐渐引入各类高科技手段进行教学管理，纷纷采用了人脸识别技术。考生入场需面部识别，考试全程监控。利用人脸识别终端进行考生的身份核验，防止替考等作弊现象，就算遗失考试凭证也可进入考场。入场之前对考生身份进行核验，在一定程度上避免了考试作弊事故的发生。

2017 年 9 月 28 日全国成人高等学校招生统一考试，是人脸识别技术在考试中的首次应用。生物识别技术与考务人员配合，成功发现替考人员一名。

3. 教室的人脸识别

人脸识别技术也应用于课堂签到、课堂效果监测等方面。在课堂上运用人脸识别技术，通过对学生面部表情进行识别，根据学生的情绪表现监测分析，从而可以进一步提升教学效果。目前的教室人脸识别技术可以监控分析学生们在课堂上的一举一动，包括听讲、举手、趴桌子、玩手机等，能够全方位无死角地监视每一位学生的上课状态，可以准确地分析每位学生课堂的行为以及发生的次数。以下是人脸识别技术在一些大中小学的应用情况。

2018 年，杭州第十一中学在全校使用智慧课堂行为分析系统，通过安装在教室里的组合摄像头，捕捉同学们的面部表情和动作。这个系统包含三个摄像头，每隔 30 秒会进行一次扫描。针对学生们阅读、举手、书写、起立、听讲、趴桌子等 6 种行为，结合面部表情——高兴、伤心或愤怒、反感，分析出一个班、整个学校的学生在课堂上的状态，如图 10-5 所示。

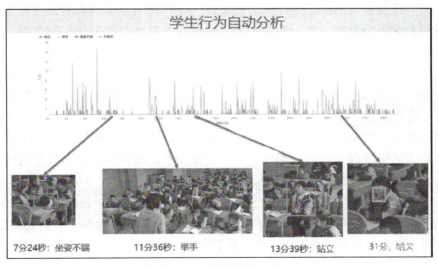

图 10-5　课堂行为分析

又如，上海蔷薇小学在教室里使用了一套名为"智慧课堂行为分析"的系统。通过监控摄像头以及人脸识别、姿态评估等技术，系统可以对学生的课堂行为进行自动分析，并能形成可视化的分析报告，便于教师掌握每位学生的学习状态。

在教室外也同样有"眼睛"在盯着，学生在校园里是否有奔跑、摔跤、打架、拥挤等危险动作，都可以被人工智能捕捉识别到，并发出警报信号。

使用 AI 和人脸识别技术可以实现课堂管理的标准化、数据化。学生、家长、教师都可从系统中获取到适合自己的数据趋势图或者数据对比图，教师可根据系统数据对比学生个人成绩、班级成绩、升学率等，从而达到自我反思、优势总结等目的，进而有针对性地改善和提高课堂质量。

第五节　教学数据，沉淀的宝藏

国际数据公司（IDC）将大数据（big data）的核心特征确定为"4V"，即数据量大（Volume，一般认为在 T 级或 P 级以上）、输入和处理速度快（Velocity）、数据多样（Variety）和价值性（Value）。大数据挖掘是从海量复杂的数据中寻找有意义关联、挖掘事物变化规律、准确预测事物发展趋势。让数据开口说话，让数据成为人类思考问题、做出行为决策的基本出发点。教学中的记录在信息化教学平台、设备上的数据，留存的访问、交互痕迹，都可以作为数据采集源，用来作为解释和预测教学现象的依据。

一、大数据时代的来临

2012 年 3 月，美国奥巴马政府公布了"大数据研发计划"，这是自 1993 年宣布"信息高速公路"计划后又一次重大科技发展部署。同年 10 月，美国教育部发布的《通过教育数据挖掘和学习分析促进教与学》指出，通过对教育大数据的挖掘与分析，促进美国高等院校及 K-12 学校教学系统的变革。

我国 2015 年 8 月国务院发布了《促进大数据发展行动纲要》（国发〔2015〕50 号），指出"数据已成为国家基础性战略资源"，在启动的十大工程之一"公共服务大数据工程"中明确提出要建设教育大数据。2017 年 11 月，我国首个教育大数据国家工程实验室在华中师范大学正式启动，主要目标有完成教育大数据标准编制，构建中国教育大数据标准体系；全面形成教育大数据创新能力，构建完善的教育大数据理论创新体系；形成完善教育大数据产业链。

随着 ABC〔AI（人工智能）、Big data（大数据）、Cloud computing（云计算）〕技术的融合发展，越来越多的高校、电子产品公司、中小学开始重视教育大数据的采集、保存、分析和应用，助力于教育向精准化、个性化和智能化发展。

二、教育大数据都有哪些?

云课堂、个性化学习、精准教学、学习分析、智慧教学、在线教学出现在教育领域，让教育数据的采集、分析及应用都有创新发展的新力量，所以对教育大数据系统的认识很有必要。

1. 教育大数据的分类：冰山模型

教育大数据是大数据的一个子集，是指整个教育活动过程中所产生的以及根据教育需要采集到的，一切用于教育发展并可创造巨大潜在价值的数据集合（杨现民等，2016）[①]。关于教育大数据，主要有两个产生渠道，一种来源于教学活动，另外一种来源于教育的管理活动。常规的管理数据有成绩、学籍、就业率、出勤记录等，教学活动中多是各种行为数据，如学生随时随地的学习行为记录、管理人员的各种操作行为记录、教师的教学行为记录等，以及用户状态描述数据，如学习兴趣、动机、健康状况等。具体来说，教学活动更多的还是过程性数据，比如学生的学习轨迹、在每道作业题上逗留的时间、教师课堂提问与微笑的次数等，但也有如图片、视频、教案、教学软件、学习游戏等无法直接使用，需要转换的数据。教育大数据绝对不仅仅是教育课堂的数据、分数的数据，还要充分考虑到教师和学生的过程性数据，更要涉及学生的家庭背景、经济状况等各方面的信息数据，强调数据的关联性和交叉性。

杨现民等人提出的"冰山模型"将教育数据分为显露于"冰面"之上的和隐藏于"冰面"之下的两大部分[②]。"冰面"上的数据主要为显性的结果性数据，如学籍信息、成绩信息、考勤信息、缴费信息等。而"冰面"下的数据则以隐性的过程性数据为主，包括学习、考试、上网、消费等行为以及各种行为之间的内在联系等，这些数据具有更多潜在的信息，价值远远超过之前的传统数据。

2. 教育大数据的来源

教育大数据按照来源可以包括四类：

一是师生的基本信息数据，学生的学籍档案、老师的教学档案等，是其他过程和行为数据的基础，是交叉及关联的首要分析对象，更是剖析学生及教师情况的根本数据，可以作为教育发展水平的评估。

二是课业的测试与作业的数据，其可以显示出学生的阶段状态，比如中小学平时的作业完成率、完成质量，期中和期末考试的成绩，这些数据不仅可以作为学生的发展性评价数据，还可以分析出不同学生的知识盲点，进行个性化的教学。同时学校管理者、教师，通过结合学科、年级、班级以及每个学生的情况，可以及时进行学习诊断，做出明智的教育决策。

三是关于校园里实录的行为数据，包含两个部分，课堂实录数据和 24 小时的校园安全监控数据。课堂实录数据是将学生整个课堂的行为、表情、状态，实时、连续展示出来的途径，可以直接对学生的教育舆情进行监控与剖析，并给出及时的诊断与预警，实现精准教学；而校园安全数据是教学管理上最有力的帮手，不仅可以监控整个校园，保护学生的安全，还可以对学生的异常行为进行预测，提前给出预警信息。

四是课程的资源数据，因为现在的中小学都有配套的数字资源，通过学校数字资源的使用，数据分析可以实现不同学生个性化的推送，大的方向来说，为地区、国家资源的制作分布提供科学化规划。

---

① 杨现民，唐斯斯，李冀红. 发展教育大数据：内涵、价值和挑战 [J]. 现代远程教育研究，2016（1）：50-61.
② 杨现民，王榴卉，唐斯斯. 教育大数据的应用模式与政策建议 [J]. 电化教育研究，2015，36（9）：54-61+69.

三、教育大数据的价值

目前我国教育正处于深度改革和转型期，数据挖掘技术的不断进步为教育工作的开展提供了新的有力的技术支持，相关研究必然也会得到更多的政策和资源支持。教育大数据的应用环境常常与智慧课堂相关联。下面我们通过几个案例来了解一下教育大数据的价值所在。

在深圳罗湖高级中学的"智慧教育"课堂中，许多教师将智慧教育与教育大数据很好地融合在一起，授课老师用手中的 IPAD 把枯燥的知识用生动的图形和设计来展示，并让同学们也用 IPAD 进行课堂练习，通过数据汇总，老师轻松地了解同学们对新知识的掌握情况。

安徽合肥八中通过与科大讯飞合作，将学生学习过程数据化，重大考试、平时作业和训练都实现了批改信息化，充分利用大数据，使学生学习过程和教师教学效果清晰化，真正实现精准教学和精细管理。同时，为保证教学检测的时效性和提高教学效率，改进了校本作业编写和印制方式，通过机读及时获取相关数据，再汇总各类考试大数据，从而获得每个学生、学科及班级的全息数据。

杭州二中获取数据的方式来自各个网络学习平台，教学部门通过各网络学习平台提供的大数据，及时统计分析，全面掌握教学情况，比如学生考勤情况分析，便于班主任精准管理；学生在线学习情况分析，便于班主任和家长了解指导学生的学习方式精进；学生作业情况分析，既让老师了解学生学习情况精准施教，也让学生及时发现学习漏洞。

以上三所学校都是通过数据分析将学生的学习过程可视化，提供个性化服务的过程。其实，大数据的分析还有很多的价值，比如危机预警方面、科学决策方面以及校园的安全管理。

预警体现在学生管理与发展预警方面，在这些方面有许多应用案例，包括华东师大的餐饮预警、浙江大学的资产管理应用，还有电子科技大学教育大数据的研究中心。这些学校做的是学生发展的预警，不仅仅是预警课程的学习，还关注学生异常行为的预警和学生就业方面的预警。

在校园的安全管理方面，无锡实施了校园安全的监控，对于校园里异常的停留、校园里打架斗殴等，管理者可以第一时间判断到。清华大学做的是智能分析学校的设备，通过系统远程登录、管理和维护，可以及时发现各楼层各种设备的状态，以便及时作出处理。

教育大数据的价值是有目共睹的。但无论何种数据，都需要由数据提炼为信息、提炼为知识和智慧，才能更好地为教育教学服务。

四、教育大数据的分析流程

一般来说，大数据在教育领域的应用可分为两类：教育数据挖掘和学习分析。两者的技术重点都是通过专业的数据挖掘技术进行智能分析与预测。教育数据分析主要包括数据采集、数据处理、数据分析和数据可视化表示四个步骤。

（1）数据采集：数据采集是数据挖掘的基础，主要是将教学过程中教师与学生使用新模式教学时（如翻转课堂）产生的大数据记录下来。这包括学生学习过程中使用的学习资源、学习路径、学习时间、学习环境以及互动数据，师生互动的行为数据等。只要教师和学生在使用智慧教育平台时，后台系统就会自动进行这些数据采集。

（2）数据处理：主要指数据的预处理，专业角度来说是数据清洗、数据集成、数据归约以及数据变形。其实，就是将不合格的数据通过各种方式转变的过程，这一过程一般需要 Excel、Python、MySQL 等专门的数据处理软件处理，但现在的智慧教学平台大都可以通过自身的后台处理系统，帮助我们实现这一步骤。

（3）数据分析：这一部分是数据挖掘的方法。常用的数据挖掘方法如表 10-4 所示。这些方法从不同的角度对数据进行挖掘，比如可以使用分类和预测的算法对学生的历次考试成绩进行分析，预测他们的高考成绩。随着互联网和通信技术的进步，许多在线教育平台自身就可以实现数据的分析，比如科大讯飞的智学网，可以通过自身系统的数据分析，利用聚类算法分析智学网平台中优、良、及格三个层次的学生成绩数据，并进行追踪和分析，为分层教学提供依据。

表 10-4 常用的数据挖掘方法

模型	方法
分类与预测	回归分析、决策树、人工神经网络、贝叶斯网络、支持向量机
聚类分析	K-Means、K- 中心点、系统聚类
关联规则	Apriori、FP-Tree、Eclat 算法、灰色关联法
时序模式	时间序列算法、时间序列预处理、平稳时间序列分析、非平稳时间序列分析
偏差检测	离群点检测方法、基于模型的离群点检测方法、基于聚类的离群点检测方法

（4）数据可视化表示：数据的可视化表示主要是指用可视化的方式，展示数据分析的结果。常用的结果表达和解释方式有折线图、柱状图以及饼状图等形式。我们以科大讯飞的智学网为例，系统将学生的成绩数据采集后，经过数据的处理及分析，最终可以呈现出学生成绩的趋势对比图，教师通过可视化图形分析直观地看到每位学生的得分率情况，如图 10-6 所示，进一步让教师改进教学，因材施教。对于在线慕课教学数据，我们还可以用专门的软件如 Tableau、D3js、InfoVis 等实现分析的可视化。

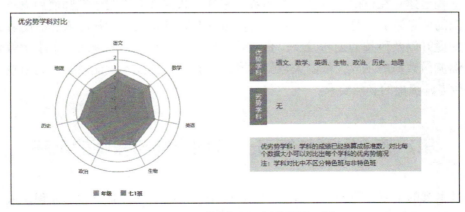

图 10-6 智学网数据可视化呈现示例

数据挖掘的最终目的是解决问题，得出预测或评估的信息后，对教学实施干预。结合反馈信息，教师可以"以学定教"，优化教学设计、改进教学策略，以达到"因材施教"的目的。对于不同的学生来说，可以有针对性地选择学习内容、制定学习计划以及规划学习路径，使"个性化学习"的诉求在大数据条件下得以满足。在教学管理层面，教育大数据涵盖了教师与学生多个维度的信息，有助于对教与学进行全面、客观、动态、直观的评价，通过基于课堂大数据进行精准的决策分析，以提升教学管理的效率和科学化水平。

五、数据素养：人工智能时代教师必备的核心素养

随着人工智能技术的发展，社会产业结构的调整，教师这个职业也会发生变化，为未来社会培养人才，教师首先要具备计算思维和数据素养。2015 年新修订的《中华人民共和国职业分类大典》列出了 1 481 个职业，2020 年人力资源和社会保障部等三部门公布了 16 个全新职业，这是 2015 年以来发布的第二批新职业。16 个全新职业包括：智能制造工程技术人员、工业互联网工程技术人员、虚拟现实工程技术人员、网约配送员、人工智能训练师、出生缺陷防控咨询师、康复辅助技术咨询师等。可以看出，这些职业大部分都与人工智能有关，而教师这个职业是培养适应未来新型社会生产方式人才的，更应该具备数据素养。

数据素养所指的"数据"不仅仅是老师们能够处理教学中学生的成绩、师生问卷量表等科研数据，更多的是随着人工智能教育环境的创建和应用，留存在智慧教学平台上的师生教学行为数据。目前教育部科技司推广的国家教育资源公共服务平台是最大的云平台，许多省份都在开发推广使用自己的教育云平台，如广东省的粤教翔云、四川省的云教育平台、湖南省的湘教云、浙江省的之江汇等，将区域的教育管理、学校的教学过程和学生的学业诊断跟踪都囊括在其中，学校层面使用了多种免费或付费的智能教学平台，有时平台数量甚至有十几种。这里对于各级各类教学平台数据是否互通、如何互通暂不做阐述，但就单一平台的应用，教师应该能够了解后台都记录了哪些数据，而其中不同类别数据又可能具有怎样的关联。教师要借助对教学对象和教学过程的熟悉情况以及教学科研的敏锐洞察力，去探寻数据之间的关联，从而对教学行为做出解释、预测和改变。这就是建立在科研素养基础上的数据素养。数据素养不同于教师使用设备、开发课件资源的信息素养，是人工智能时代每位教师都要具备的一种核心素养。随着我国经济水平的提升以及科技的创新发展，智能教学环境的打造会越来越快，中小学教师一定要顺应潮流做数据的主人，借助大数据技术开展教学，用技术赋能教学，是新技术发展对每一位老师提出的必然要求。

第六节　回顾与练习：AI 的走向与教师的未来

通过本章的学习，我们可以看到人工智能是一个国家综合竞争力的体现，人工智能时代已然来临，其未来的发展不可限量。

我们认为，未来的人工智能技术将朝着以下三个方向发展。

1. 更加聚合

技术越来越呈现聚合发展的态势，共同引领科技的进步和创新。NBIC 为代表的聚合科技就是其中的一种聚合，它分别代表纳米技术、生物技术、信息技术和认知科学。人工智能是信息技术的焦点所在，机器人又是人工智能技术的核心。未来这些技术的聚合会衍生出各种意想不到的教育创新应用产品。

2. 更加智能

迁移学习是人工智能的下一个突破口。"迁移学习"类似中国成语里的"触类旁通"，就是机器将在一个领域学习掌握的技巧、经验和能力，迁移到一个新的有一定关联的领域里再应用，这样在新领域里，它就能省去大规模数据训练，只需一小部分数据就能迅速"成才"。

3. 更加具有人的属性

机器人的发展越来越具有人的属性，其中一个重要标志就是具有情感。库兹韦尔说："我说电脑达到人类的智能水平时，指的并不是逻辑智能，而是幽默和表达情感的能力。这是人类智能最大的优势。""我们会融合这种智能，例如，在大脑中嵌入细胞大小的纳米机器人，将我们与互联网相连，就像《黑客帝国》那样让我们可以下载各种技能；或者我们可以像编辑电脑代码一样编辑基因，从而治愈疾病。"

拓展学习

1. 视频学习观赏：

（1）CCTV-4《走遍中国》栏目 2018 年的系列纪录片之"人工智能改变生活"，见 http://tv.cctv.com/lm/zbzg/videoset/?spm=C45305.PV3ctr66dyVT.0.0#&Type=0&Y=2018 &M=03。

（2）电影：《大都会》《超能陆战队》《机器人总动员》《机械姬》《我，机器人》《机器管家》《她》等。

2. Coursera 慕课平台上吴恩达教授的人工智能系列课程：

（1）《AI For Everyone》：https://www.coursera.org/learn/ai-for-everyone/

（2）《Machine Learning》：https://www.coursera.org/learn/machine-learning

3. 中国大学 MOOC 平台上的三门课程：

（1）华侨大学王华珍教授的《人工智能创新项目设计》。

（2）华南师范大学胡小勇教授的《人工智能教育应用》。

（3）华南师范大学谢幼如教授的《智慧课堂教学》。

练习题

经过本章的学习，你应该对身边的人工智能有了更深刻的认识，那么接下来请思考以下问题：结合人工智能的最新发展，谈谈当下教育教学中哪些工作可以被人工智能机器人所代替？

第十一章

智慧教学模式与工具

前面我们学习制作的微课可以通过翻转课堂这样的混合式教学模式以及智慧课堂教学进行恰当的嵌入应用。智慧教学离不开平台工具以及学生端的电子书包，其最终目的是为了能够记录、诊断和分析实时课堂教学效果，并及时做出改进。这方面代表性的教学平台层出不穷，我们以智学网为例带大家了解其基本的运作原理，再深入掌握 UMU 和雨课堂这两款智慧的互动教学工具，让课堂更高效，资源更丰富，线上线下教学无缝链接。

第一节 智慧课堂 ABC

一、混合式教学模式

教学模式按照师生是否时空分离可分为面授教学、远程教学和混合式教学三种。面授教学是正规教育的一种主要教学模式，师生在课堂里开展的面对面教学，我们对此非常熟悉。远程教学历史由来已久，从函授到广播电视教学再到如今的在线教学，师生是处于分离情况下借助各种媒体技术手段再造时空而开展的一种教学，必要时师生要开展面对面教学。远程教学特别是在线教学对于解决我国欠发达地区、民族地区、革命老区、边境地区长期存在的教育资源不平衡、不充分问题（教师短缺、资源不足、投入不够等）具有至关重要的作用。

美国斯隆在线学习联盟，将在线教学占总教学比例的 30% ～ 70% 的教学模式称为一种混合式教学（blended learning），是介于面授教学与纯在线教学之间的一种教学模式，也叫作 O2O（Online to Offline，线上线下，简称 O2O）教学模式，体现了"互联网＋"时代信息技术与教育教学的深度融合，是对传统面授教学模式的革新。随着 5G 技术的推广，教育云服务的日臻完善，教师以课堂为主开展的混合式教学越来越普遍。

在混合式教学模式中，线上教学侧重学生通过在线课程（含系列微课）、线上讨论等活动进行网络自主学习及互动交流；线下教学则侧重于师生在课堂教学、实践教学、线下讨论等活动的面对面辅导交流，良好的线上线下互动教学环境便于在学生与学生之间、教师和学生之间形成一对一、一对多或多对多的交流机制。[1]

二、翻转课堂：一种混合式教学模式

翻转课堂（flipped class）由美国高中化学教师乔纳森·伯格曼（Jonathan Bergmann）提出，也称"翻转教学""反转课堂"或"颠倒教室"。翻转课堂模式中，学生借助微课在家中或课外自主学习基础知识，然后把难题和思考带入课堂，课堂变成老师学生之间和学生与学生之间互动的场所。课堂包括答疑解惑、知识的运用等，从而达到更好的教育效果。这基本上是一种课堂外的反转教学，课前要在线学习，课中更多的是面授互动教学，是否在线取决于教学环境和教师的教学设计安排。

其实，我国很早就有"先学后教"的模式，杜郎口中学、山东茌平中学在这方面的应用都产生了一定的影响。翻转教学也是一种先学后教模式，只是它更加强调三个要素的作用：课前网络教学、视频资源的辅助作用和教师的促进者作用。

1. 在线资源的运用

这些资源包括微课以及微课构成的在线课程，包括慕课（MOOCs，Massive Open Online Courses）和私播课（SPOC，Small Private Online Course）等。实际上课前和课后只是一个相对概念，一节课的课后又是下一节课的课前，所以微课的使用和翻转教学模式的实施不必拘泥于一定要课前才是翻转教学。任何时候，课前、课中、课后教师都可以使用在线教学资源包括微课来开展混合式教学，如图 11-1 所示。

图 11-1　基于视频微课的混合式教学

2. 教师的促进作用

布鲁姆认知目标的分类包括初级认知，即记忆、理解和应用；高级认知，即分析、评价和创造。初级认知通过学生的自学即可完成，学生遇到困难和挑战的往往在于高级认知目标。翻转教学的真正含义实际是要将宝贵的课堂时间用于开展高级认知目标的学习，通过讨论、协作、会话让学生内化初级认知的知识，真正领悟学科核心素养所要求的高阶目标。伯格曼认为，"翻转课堂中，教师比任何时候都重要"，它更强调以学生的学为中心，也强调数字化资源和设备的应用，所以教师要精心创设环境，设计教学内容，安排学习任务，搭建好脚手架，在课堂教学中提高培养学生的高级认知水平。

三、智慧课堂：不止于混合式教学

2018 年 4 月，教育部发布《教育信息化 2.0 行动计划》，计划到 2022 年基本实现"三全两高一大"的发展目标，即教学应用覆盖全体教师、学习应用覆盖全体适龄学生、数字校园建设覆盖全体学校，信息化应用水平和师生信息素养普遍提高，建成"互联网＋教育"大平台，推动从教育专用资源向教育大资源转变、从提升师生信息技术应用能力向全面提升其信息素养转变、从融合应用向创新发展转变，努力构建"互联网＋"条件下的人才培养新模式，发展基于互联网的教育服务新模式，探索信息时代教育治理新模式。该行动计划提出，要"以人工智能、大数据、物联网等新兴技术为基础，依托各类智能设备及网络，积极开展智慧教育创新研究和示范，推动新技术支持下教育模式的变革和生态重构"。

智慧教育的核心阵地是智慧课堂。智慧课堂是充分利用传感技术、人工智能技术、网络技术、富媒体技术等构成的新型课堂教学环境。它通过集教育云平台、教学互动软件、优质教育资源为一体的互动学习管理系统，以教育生态系统的用户为中心理念，将学生、教师和家长多方面连接于一体。

目前，在中小学，典型的智慧课堂布置如图 11-2 所示，在教室布局方面，灵活的桌椅代替了传统"插秧式"的布局，按照以学生学习活动为中心的理念划分出很多区域，包括主授课学习区、设立工程台的制作区、查询资料的信息港、设计区、展示区等；在内容呈现方面，多屏与两侧音箱在视觉、听觉两个方面增强学习者对学习材料的理解和加工；人手一台平板电脑，可以大大提高资源获取和内容分发、随堂讨论与检测的便利性。

图 11-2　典型的智慧课堂布置

智能终端是智慧课堂的应用设备，包括师生开展教学的微课制作/学习工具、互动工具、作业和评价工具、书写与录制工具，以及家校互动的沟通工具、家长了解孩子学习轨迹的查阅工具等，有智能终端设备的支持，极大地助力了线上线下混合式教学的开展。下面我们主要了解智慧课堂赖以存在的两大基础，一个是教学管理端的智慧教学平台，一个是学生终端及电子书包。

1. 智慧教学平台

我国目前政府支持的最大教育云平台是属于国家数字教育资源公共服务体系的"国家中小学网络云平台"（http://ykt.eduyun.cn/），已接入上线平台 155 个。以广东省教育资源公共服务平台粤教翔云为例，整合大量跨越各个年级不同类型的教学资源，包括课件、试卷、微课、教学实录等，提供关于智慧教学、智慧学习、智慧评价、智慧研训、智慧管理和其他共六个方面的教学应用，支持登录后进行在线学习，以及开展互联网＋学科教研。

吴晓如等人（2019）对新一代智慧课堂的概念、平台及体系架构进行了设计开发研究，提出了"云—台—端"的智能化服务平台架构和智能云服务的框架，如图 11-3 所示。智能云服务以云技术为核心，通过多要素、多层次系统架构，为智慧课堂教学提供后端支持服务功能。

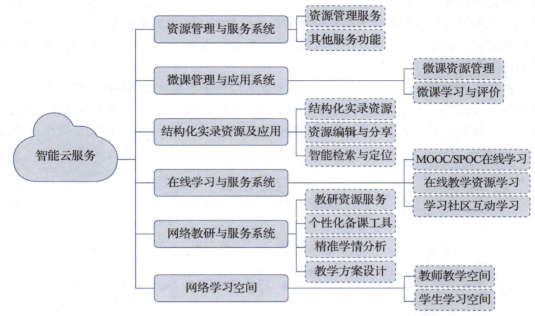

图 11-3　智慧课堂云服务平台的支撑和服务体系（吴晓如等，2019）

　　智慧教学平台是指以智能软硬件为载体的教室综合智慧教学平台，具有教学内容支持、实时教学互动、评价以及教学数据诊断分析等功能，对教师的备课、课堂教学、考试等环节具有极大的好处。它是整个智慧课堂的通信中枢、数据中心、能力中心和控制中心。作为通信中枢，要求能够在无网或互联网环境下实现多屏互动，跨平台的无障碍交互。作为数据中心，智慧教学平台能够将课堂教学全过程的交互数据记录下来，上传至智慧课堂云平台，并形成课堂报告。

　　目前比较有代表性的智慧教学平台是科大讯飞公司推出的智学网，通过线上、线下相融合的方式采集日常教与学全场景动态数据，挖掘数据价值，构建以学习者为中心的学业评价体系，基于知识图谱与自适应引擎，实现精准检测与资源推荐。目前，智学网已在全国 31 个省级行政区超过 13 000 所学校使用，成为中国数据规模最大、智能程度最高、产品体系最全、应用效果最显著的个性化教与学系统。

2. 电子书包：学生端的云教育

　　在智慧教室，学生通过使用平板电脑这一终端设备来实现与教师的互动教学，这是一种课堂上的混合式教学。在平板电脑上装载了必要的软件平台，能够有效记录学生的学习数据，推送个性化资源和服务，这种应用就是电子书包。全球信息技术标准化技术委员会"电子课本与电子书包"标准专题组将电子书包（e-Schoolbag）定义为：一种信息化环境的集成体，它整合了电子课本的内容（资源）、电子课本阅读器（设备）、虚拟学具（工具），并且连接无缝学习服务（平台）。从中可以看到电子书包由资源、设备、工具、平台四部分组成。

　　电子书包的资源不限于电子课本，而是包含电子课本、微课、习题、试卷等大量教学资源的集合。设备也不再是电子课本阅读器那么简单，而是使用智能学习终端，承载着各种教学服务和教学资源。常见的智能终端品牌有华为、联想、苹果等。第三部分是工具，也就是我们在智能学习终端使用的能够代替实体学习工具的虚拟工具，如尺子、虚拟物理实验设备等。平台是指教学云平台，能够提供教学云服务、云管理以及个性化的学习空间。

在实际教学中，电子书包更多的是指智能云服务平台在学生终端的一种应用。相对于传统的书包，电子书包轻巧便捷易于携带、资源丰富交互性强、服务多样支持个性化。在电子书包环境下的常规操作有很多，管珏琪和祝智庭教授（2018）将主要操作总结如图 11-4 所示。

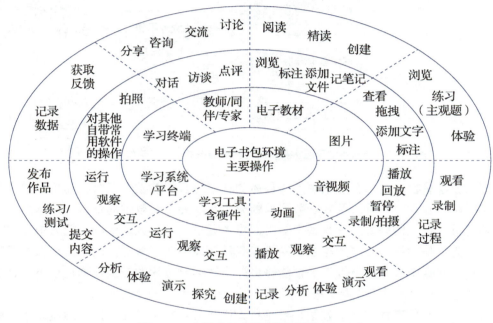

图 11-4　电子书包功能（管珏琪等，2018）

目前市面上电子书包主流的功能包括教师备课、自动组卷、在线课堂、多媒体教材阅读器、投票、答疑、在线测试、成绩统计分析、错题本、电子词典、语音测评、模拟实验等。通过这些操作，可以开展各种类型的教学活动，典型的有：基于练习/测验的学习、基于分享的讨论、基于资源的学习、基于电子教材的学习、基于内容创作的学习、基于调查研究的学习。

除了付费购买一些教学平台外，我们也可以探索使用免费的智慧教学工具和手机终端使用的学科 App 软件，在课堂教学中让混合式教学真正开展起来。

第二节　教学诊断的智能化：大数据与智慧课堂

教学诊断离不开智慧教学平台以及教学环境。智慧教室是为学校打造的电子化教学辅助环境，包括智慧教室硬件设备、智慧教育终端产品、智慧教育使用的互动教学系统，电子阅卷系统、教学管理系统（LMS），录播行为分析等六大智慧教室模块。智慧教学系统利用网络，通过 PC/ 平板电脑 / 手机等终端访问智慧教室系统平台，具有资源共享、电子阅卷、在线备课、在线测试、统计分析和答疑互动等电子化教学辅助功能。这一节专门来看几个主流平台是如何分析数据的。

一、教学数据分析系统的工作原理

在智慧教育过程中，教师和学生的行为数据通过分析，对教师的教学做出及时反馈和调整，学生实现个性化学习，最终实现精准教学。整个流程包括三个部分：支撑环境；智能分析以及预测；智慧决策，根据结果发布调度指令，实施优化干预，如图 11-5 所示。

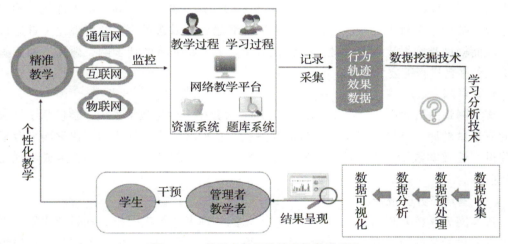

图 11-5　基于大数据的精准教学原理图

1. 支撑环境

首先，我们要了解的是精准教学实现的支撑环境。在外部环境上，需要保证无线网络环境及智能云服务环境，通过通讯网、互联网、物联网可以达到互联互通的基本条件。其次，精准教学的实现需要保证智能教学平台的使用设备齐全，前端应用设备有智能手机、PAD、智能麦克风等智能移动终端设备及其 App 服务，后台是资源中心、数据中心、智能运算与智能控制等智能平台。这样才能利用技术和工具监控在线学习行为和在线教学行为，通过题库和资源系统实时了解学习进度，量化数据，构建成一体化、智能化的学习环境。

2. 智能分析及预测

智能分析阶段，利用数据挖掘技术剖析问题是关键。这一部分应紧紧围绕教与学的需要、体现在为教与学的服务方面，例如，基于课堂学生学习行为数据、师生互动交流数据，对教学过程、教学质量进行评价反馈；基于作业评测与考试数据，判断学生的学情、预测学生的学业成绩；基于班级空间和学习社区数据进行校园舆情监控；基于学生的兴趣与特长数据为学生制定学习和生涯发展规划等，以发挥课堂数据挖掘分析的实际应用价值。

3. 智慧决策

智慧决策包括根据可视化结果做出智慧决策，并发布调度指令实施优化干预。根据行为数据的分析结果，可以确定具体的干预层次，并采取相应的干预策略。接下来，可借助多种方式和工具实施干预，并为被干预者提供可视化学习诊断报告。如建议学习者调整学习方式和态度，或建议教师调整教学方法和模式，以及教学管理人员优化资源配置等。

二、走向精准分析的在线教学平台

目前在线教学的平台和工具层出不穷，使用比较广泛的有智学网、钉钉、雨课堂、蓝墨云班课、UMU、超星学习通、东师理想平台、课堂派、Kahoot、班级优化大师、对易分等，师生在平台上的学习互动行为数据沉淀之后可以通过后台的可视化工具进行分析，从而辅助教师做出判断和改进，优化教学。下面我们将对智学网、雨课堂和蓝墨云班课三种平台进行简要介绍。

1. 智学网

智学网是由科大讯飞公司于 2014 年开发的大数据个性化教学系统，学校基于平台提供的海量试题库，开展随堂练习、阶段性测验、多校联考等教学活动，智学网平台根据这些过程性教学数据，进行精准分析，为学校管理者、教师、家长、学生生成可视化的分析报告。

（1）管理者分析报告。

智学网为学校管理者提供发展性报告，帮助管理者进行教研指导和行政决策。管理者可以通过智学网对教师教学进行监管，也可以查看校级和班级的测验报告，对班级成绩进行对比，了解学生的学业等级分布和成绩分段等。

（2）教师分析报告。

智学网既支持教师手动阅卷，扫描上传，也支持网络阅卷，阅卷完毕，立即生成详细的分析报告，智学网为教师提供学科和班级报告，便于教师精准分析班级学生的知识点掌握情况以及学科发展均衡度，并对临界生与成绩有大波动的学生发出预警，及时提供帮助。智学网为教师提供的分析报告，既帮助教师节省分析时间，又提高精准教学效率。

（3）学生分析报告。

对于学生来说，答题之后，系统会为学生提供试题分析，根据每个学生的答题情况整理一份个性化的错题本，并基于错题推送相关的练习资源，便于学生有针对性地解决教学疑难点，实现自适应学习。

（4）家长分析报告。

智学网为家长提供孩子的成绩分析、学习周报、教师通知等服务，为保护学生的隐私，家长只能查看自己孩子的成绩。家长可以根据分析报告，对学生的学习进行监督，及时与学校老师进行沟通，帮助学生提高薄弱学科的成绩。

2. 雨课堂

雨课堂是内置在 PPT 中的一个免费插件，2016 年由清华大学和学堂在线共同推出。雨课堂巧妙地将 PPT 和微信结合起来，从课前—课中—课后对课堂提供支持，提供免费的智慧教学解决方案。

（1）课前分析。

课前教师在手机端创建班级，邀请学生加入班级，并直接通过 PPT 进行备课，备课时教师可以通过雨课堂插件为 PPT 添加单选题、多选题、投票、填空、主观题等作业题型，也可以新建试卷和手机课件，并将这些资源上传推送给上课班级，以便学生课前学习，教师可以在手机端随时查看学生的完成情况。

（2）课中互动分析。

课中教师在雨课堂中进行微信扫码登录，开始授课，此时教师手机变成遥控器，可以控制 PPT 课件的播放，教师可以将课前在 PPT 中添加的互动型题目发送给学生，在手机上及时查看学生的答题情况，实时了解学生对知识点的掌握情况，调整教学策略。

（3）课后分析。

结束授课后，教师和学生将分别收到一份课堂分析报告。使用雨课堂进行授课过程中教师和学生的教学行为都会被自动采集，以教学日志的形式被记录，与课上直接通过手机查看可视化图表不同，原始教学数据报表需要教师登录雨课堂网页版进行下载，数据以 Excel 表格形式存储，便于教师根据研究需要进行二次加工。

导出的数据分为汇总表格和单次教学数据表两部分。汇总表格数据包括：习题总得分、课件查看率、到课率、互动总次数等，为教师评价学生提供参考。单次教学数据表中包括课堂情况、课件推送和试卷，课堂情况统计表包含学生的签到信息、课堂互动信息及题目详情及得分统计。课件推送统计学生查阅课件情况，帮助老师了解学生对知识的了解程度。试卷数据包括学生总分、用时、各题目选项、主观题得分等，用于老师了解学生对系统知识的掌握程度。

3. 蓝墨云班课

蓝墨云班课是北京智启蓝墨信息技术有限公司开发的一款移动学习软件，目前主要用于高等院校和职业院校。教师通过蓝墨云班课的手机端和网页版向学生推送视频、音频、图片及课件等多媒体资源，发送通知，即时提醒学生进行资源学习，还支持开展投票问卷、头脑风暴、讨论答疑、随堂测试等活动，增加移动课堂的互动性和趣味性。教师基于平台上传资源，开展教学，学生基于平台学习资源，参与活动等行为轨迹都能被记录，并通过相应的经验值和魅力值给予反馈。基于人工智能对课堂师生行为大数据进行分析，蓝墨智能助教小墨和智能助学小蓝为每一位教师和学生进行用户画像，生成个性化的分析报告和教学建议。

（1）学生分析报告。

在学生手机端的个人详情页面，提供学生个人综合评价雷达图，查看经验值明细可以显示个人获得的所有经验值的记录，包括你参与的各项活动记录，学生也可以查看其他班级成员的个人综合评价雷达图。

（2）教师分析报告。

教师在个人详情页可以查看自己的教学表现及综合评价，如果想查看班级数据，只能在网页端导出班课汇总 / 明细数据和教学报告等，以此开展教学行为分析和基于数据驱动的个性化、精准化的教学活动。

在班课汇总 / 明细数据中，教师可以将班级学生查阅教师上传的资源数据、参与课堂互动活动数据、参加课堂签到数据等以表格的形式导出到 Excel 中，根据需要对数据加以使用。

班课教学报告包括教学周报、资源报告、活动报告和学情分析等数据，用数据记录教师的教学历程，但要注意的是，班课教学报告需要教师的魅力值达到 200 以上才可以查看。

以上就是我们给大家推荐的三个常用的智慧教学系统和工具，您可以选择最适合的教学平台，提高教学效率。接下来我们详细学习 UMU 和雨课堂的使用。

第三节　UMU：让课堂互动更高效

一、UMU 简介

UMU 是 2014 年成立的北京优幕科技有限责任公司推出的一款全场景、一站式教学工具，提供丰富互动与移动学习方式，我们可以在课堂活动中发起调研、提问，相互分享，也可以在微课、直播等移动学习中促进彼此交流和互动，互动参与结果还可以实时呈现，让每个学生都能融入、分享、收获，详细情况如表 11-1 所示。

表 11-1　UMU 介绍表

类别	互动学习平台
网站	https://www.umu.cn
支持的平台	Android/Web/iOS
主要功能	7 种内容环节：语音微课、视频、文章、图文、文档、互动式直播、视频会议；9 种互动环节：问卷、签到、考试、提问、讨论、拍照上墙、抽奖、游戏、作业
应用场景	课堂电子签到、教学知识测验、课堂分享（讨论、拍照上墙）、学生作品比拼与风采展示、抽取学生随机发言、教师组织课堂活动、轻松组卷在线考试，自动批改、开展直播教学，组织线上答辩和演讲

二、创建课程

首先我们需要创建一门课程。打开 UMU，登录后，在屏幕右上角的位置找到课程，点击加号即可创建一门 UMU 课程，填写课程的基本信息，包括课程名称、介绍与标签，如图 11-6 所示。

图 11-6　创建课程界面

在课堂中，我们可以利用 UMU 开展怎么样的师生互动呢？如图 11-7 所示，通过在已创建课程的"课程目录"页面下，点击右上角"添加课程小节"来实现。

图 11-7　UMU 添加课程小节的功能界面

三、UMU 应用场景

1. 场景一：用于上课签到

在上课前，我们可以通过签到将学生的注意力引到课堂上，相当于学生听到铃声就知道要上课了。UMU 支持通过扫描大屏幕二维码实现快速的电子签到，同时可以实现系统作弊识别与更多信息的收集，具体操作如下：

第一步：添加签到。在"我的课程"中，选择需要应用签到的课程进入"课程目录"页面，点击页面右上角"添加课程小节"，如图 11-8 所示，选择"签到"，如图 11-9所示。

第二步：编辑签到。签到由签到标题与签到题目组成。除了设定标题，我们还可以根据自己的实际需求调整签到设置，如设置小节积分、选择审核方式、设置二维码防作弊模式和开启小程序签到等详细设置，如图 11-10 所示。

图 11-8　添加课程小节

图 11-9　添加签到

图 11-10　编辑签到页面

　　第三步：开启签到。此时我们可以看到课程小节里显示了刚才添加的签到小节，如图 11-11 所示，点击"分享"即可以多种方式分享给学生，还可以通过点击"大屏幕"，学生可用手机"扫一扫"参加签到，签到的结果会即时显示到大屏幕上，一目了然。

图 11-11 签到小节

2. 场景二：用于课中提问

在课中，教师经常会通过提问的方式来了解学生是否已经掌握了本节课所讲的知识，这个时候，老师一提问，学生都低下头，或是限于课堂时间，只能让一两个学生回答问题，不能全面地了解班级学生的情况。在 UMU 中创建提问环节，每位学生都可以针对老师提出的问题发表自己的看法，提问的题型是主观问答题的形式，如要出选择题等题目，需要用后面将要介绍的"考试"功能。提问的具体操作如下：

第一步：点击"添加课程小节"，如图 11-12 所示，在弹出的对话框中选择"提问"，如图 11-13 所示。

图 11-12 添加课程小节

图 11-13 添加提问小节

第二步：填写基本信息：设置活动名称和要求、添加问题，如图 11-14 所示。

第三步：分享提问，学生参与答题。分享互动环节的操作，可参考在签到分享中的详细介绍，这里不再赘述。学生参与提问过程中，可独立思考平行发言，彼此互相点赞。点赞多的发言将首先呈现在大屏幕上，如图 11-15 所示，帮助教师快速找到热点话题，提升互动答疑效率。

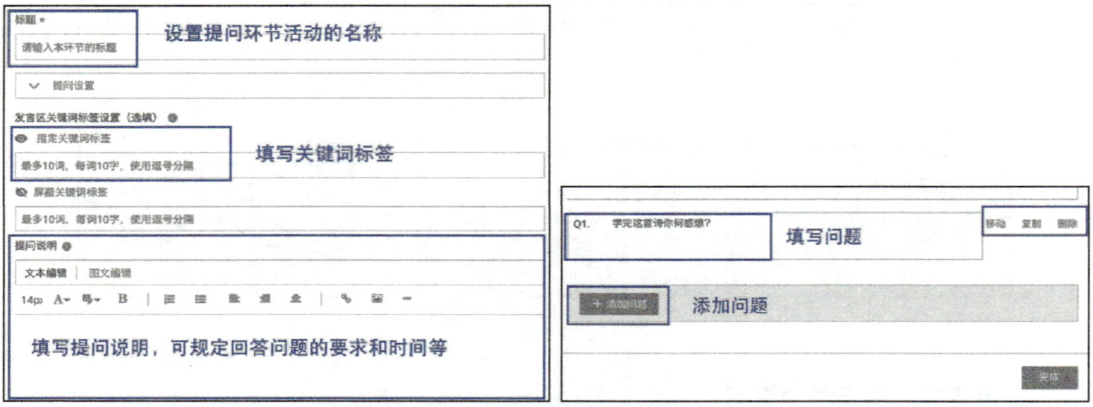

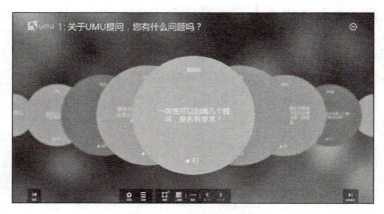

图 11-14　填写提问环节的基本信息

图 11-15　提问结果展示

3. 场景三：用于课堂小测

考试可以用于测试学生对知识的掌握程度，可用于课前、课中或课后进行小测。UMU考试支持单选题、多选题和开放题三种题型，选择题结果与学员排名可通过大屏幕立即呈现，大大地减少了教师批改的工作量，同时也能给学生即时的反馈。具体操作如下：

第一步：在"我的课程"中，选择需要应用考试的课程进入"课程目录"页面，点击页面右上角"添加课程小节"，如图 11-16 所示，在弹出的界面中选择"考试"，如图 11-17 所示。

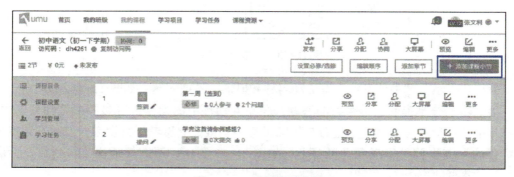

图 11-16　添加课程小节

图 11-17　添加考试小节

第二步：编辑考试。添加考题和考试设置，在标题处输入标题名称，如"课中小测"。如图 11-18 所示。

图 11-18　填写考试名称

点击"添加问题"，则会新增一个题目，在"Q1 栏"输入问题，并支持在题干中添加音视频、图片、公式，接着选择题型、设置分值和难易程度、填写答案说明。如还需添加下一题，则继续点击"添加问题"进行题目设置即可，如图 11-19 所示。设置好后，点击"完成"即可。

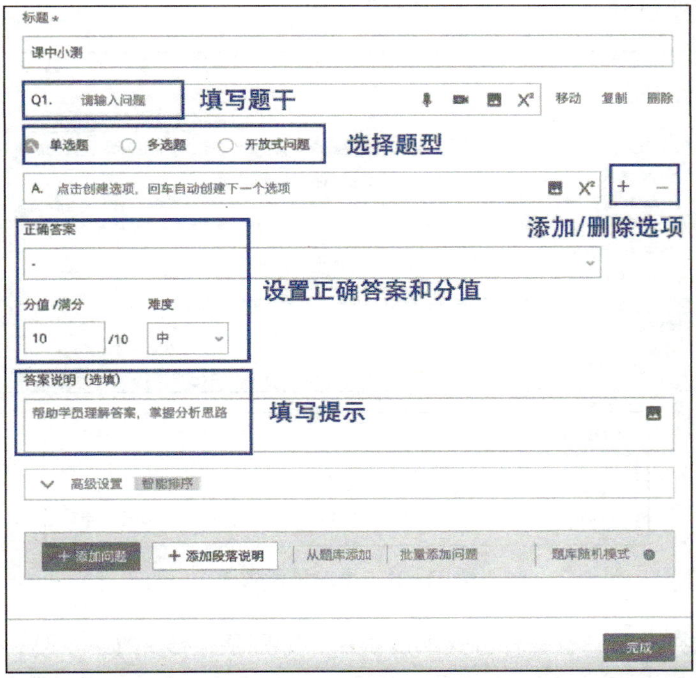

图 11-19　编辑考试题目

第三步：分享、邀请参与考试。

考试分享的方式可参考上面"上课签到"小节的分享方式。学生用手机扫描考试二维码或点开链接即可答题，如图 11-20 所示。

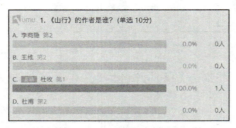

图 11-20　答题结果展示

第四步：查看考试成绩与结果。

可以将测试结果导出成 Excel 表格的成绩单，方便教师对学生成绩的统计和分析。学生可以将考试中的难题或易错题目加入 UMU"考题本"，用于学生对题目的反复练习。

除了上面的签到、提问和考试，还可以在课堂中使用问卷、讨论、拍照上墙、抽奖、游戏、作业等互动环节。特别是在作业环节，可以布置四种类型的作业：视频作业、语音作业、图文作业、文档作业。相信通过上面的学习，这些操作对你来说并不难。

4. 场景四：在线课程资源的开发与集成

UMU 不仅可以用于课堂互动，还能帮助教师轻松制作各种类型的微课，开展直播教学，进而支持教师实施翻转课堂、混合学习等创新的教学方式。

这里我们介绍 UMU 在线课程的开发与集成，一起来学习如何快速制作语音微课。

第一步：添加语音微课小节，如图 11-21 所示。

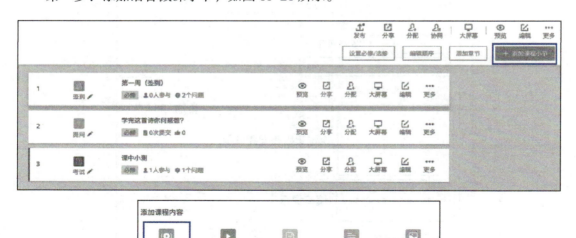

图 11-21　添加语音微课

第二步：选择讲稿。有三种方式形成讲稿，分别是上传 PPT、上传讲稿图片和添加新讲稿。这里我们建议大家用第一种方式，如图 11-22 所示，上传自己预先做好的 PPT 课件。

图 11-22　上传讲稿

第三步：开始录制微课。做好准备工作后，点击"开始录音"录制你的讲解音，可以实时滑动左侧"使用中的讲稿"来切换 PPT 页面，同时也可以标注重点和添加文字标签。如果录制的过程中有口误，可以暂停录制，点击"删除"把录错的部分删除，点击"继续录制"可以接着补录刚才录错的部分，如图 11-23 所示。

图 11-23　录制微课

第四步：录制好后，设置微课的封面和微课的名称，点击"保存"，微课就做好了，它会保存在我们添加的小节内容中，如图 11-24 所示。

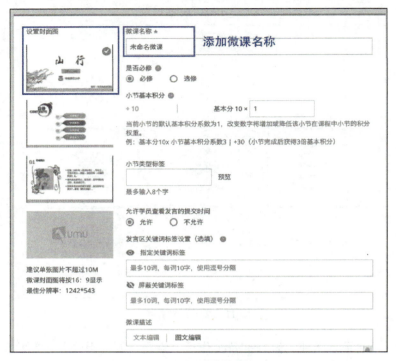

图 11-24　编辑微课的基本信息

第五步：分享和查看微课。微课分享的方式可参考上面"上课签到"小节的分享方式。这样就快速地做好一个微课资源了，是不是很简单呢？！

在 UMU 互动学习平台中，所有的投票、考试结果都可以在大屏幕上实时显示，所有的互动参与结果都可以下载与导出。教师可以运用这些学习行为检测数据实时掌握学生的学习效果，并提出相应的改进措施，十分便捷。

5. 拓展：对分易

支持开展课堂教学互动的应用程序还有很多，如云班课、对分易等。以对分易为例，它是一个基于微信公众号、供师生永久免费使用的教学平台，简洁明快，却功能丰富，如图 11-25 所示，包括：布置作业、学生考勤、分组（随机、手动）、发布教学资源、讨

图 11-25　对分易功能

论区、学生成绩记录、在线练习、课堂提问、调查问卷、投票、发起活动、进行教学评价、学生互测，互动直播。

这一节我们学习了如何使用 UMU 开展课堂互动以及建设和集成在线课程资源，最后还简单介绍了对分易，大家可以根据自己的适用性选用。接下来我们继续为大家介绍一款能将线上线下资源充分整合的智慧教学工具——雨课堂。

第四节　雨课堂：线上资源线下互动齐齐来

一、雨课堂简介

雨课堂▥是学堂在线与清华大学在线教育办公室共同研发的智慧教学工具，是教育部在线教育研究中心的最新研究成果。2017 年 4 月，原教育部部长陈宝生在清华大学课堂聆听了使用雨课堂进行混合式教学的思政课后，评价雨课堂让手机从"低头的工具"变成了"抬头的利器"。

雨课堂将复杂的信息技术手段融入 PowerPoint 和微信，在课外预习与课堂教学间建立沟通桥梁，让课堂互动永不下线，这在本章第二节已做介绍。使用雨课堂，教师可以将带有 MOOC 视频、习题、语音的课前预习课件推送到学生手机，师生沟通及时反馈；课堂上实时答题、弹幕互动，可以高效地支持混合式教学。

"雨课堂"授课内容可以通过网页端来编辑，也可以在电脑安装后作为 PowerPoint 的一个插件来创建课程并进行编辑。绑定手机微信的"雨课堂"小程序，教师就可以通过"雨课堂"平台在课堂上开始直播互动教学。学生可直接应用"雨课堂"实现与老师互动，查看课程资源、自主学习、远程直播教学与答疑等学习活动，详情如表 11-2 所示。

表 11-2　雨课堂介绍表

类别	课堂互动工具
网站	https://www.yuketang.cn/web
支持的平台	Windows7 及以上系统，Powerpoint2010 及以上版本
主要功能	班级管理、作业在线批改、成绩汇总分析、课件分享、在线考勤
应用场景	课堂电子签到、教学知识测验、课堂分享（讨论、拍照上墙）、学生作品比拼与风采展示、抽取学生随机发言、教师组织课堂活动、轻松组卷在线考试，自动批改

二、软件安装

访问雨课堂官网 http://ykt.io/download，点击"在线安装包"或"离线安装包"下载最新版的雨课堂。目前支持 Windows XP SP3、Windows7 及以上版本，需同时安装 PowerPoint2010 及以上版本或 WPS 个人版（6929）及以上版本。

下载完成后，按照指引完成安装。安装完成后，即可运行雨课堂。雨课堂是插入在PPT 界面的菜单栏中，如图 11-26 所示，当打开 PowerPoint 时，雨课堂会自动载入。

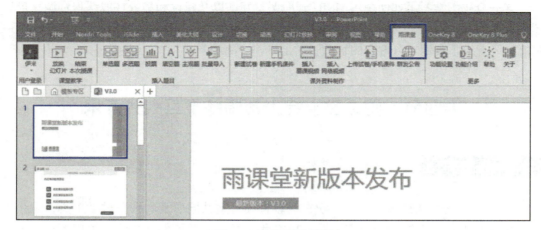

图 11-26　雨课堂界面

界面的功能区主要有用户登录、课堂教学区、题目制作区、资源制作区以及更多设置，如图 11-27 所示。

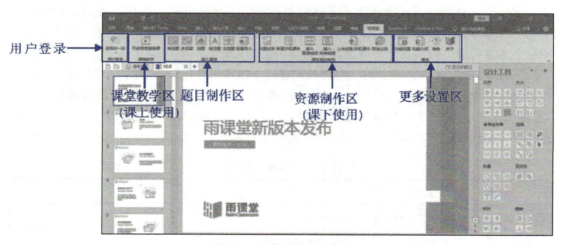

图 11-27　雨课堂界面介绍

点击用户登录，使用微信扫一扫，输入验证后，登录账号。如果首次登录需关注"雨课堂"公众号。在电脑端，可选择"记住我"，下次直接扫码登录，无须再次输入验证码。

三、课前教师备课

在上课之前，教师需要把教学资源（视频、习题等）插入到相应的幻灯片中，方便上课时使用。

第一步：启动 Powerpoint 软件，打开上课需要用的课件。

第二步：在课件中添加习题，便于上课时将习题快速发送给学生做。选择题目模板，点击选择所需要添加的题目类型，如图 11-28 所示。

第三步：对题目模板进行编辑。

添加单选题。输入题目，设置正确答案、评分规则、答案解析，单选题编辑界面如图 11-29 所示。

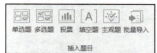

图 11-28　题型

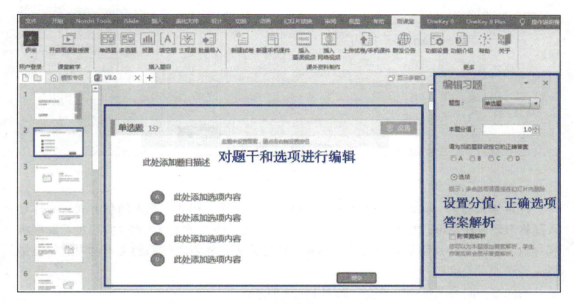

图 11-29　单选题模版编辑

添加填空题。如图 11-30 所示，输入题目，设置空格、评分规则和答案。

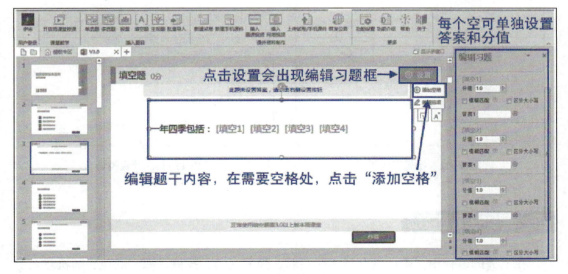

图 11-30　填空题模版编辑

添加主观题。如图 11-31 所示，可以允许学生上传音频。

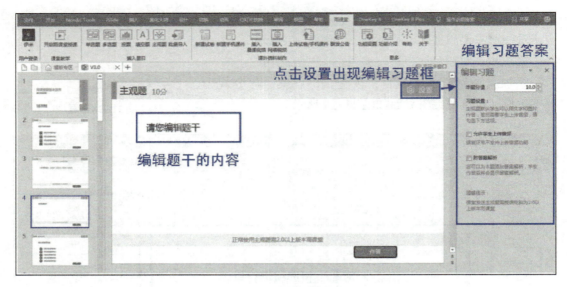

图 11-31　主观题模版编辑

批量导入习题。如图 11-32 所示，可以选择文件导入和文本输入两种方式，文件导入是将习题放在 Word 文档中，直接导入文件，但文件格式必须与雨课堂提供的习题模板相一致，否则不能识别正确答案。文本输入的方式则是将习题粘贴到文本框中进行批量导入。

第四步：将习题推送给学生，如图 11-33 所示。

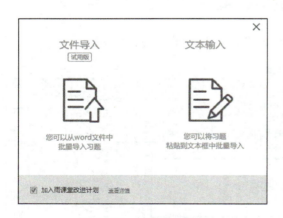

图 11-32　批量导入题目

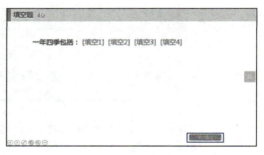

图 11-33　题目推送

四、课中的师生互动

在上课的过程中，雨课堂支持实时答题、弹幕互动、投稿、课堂红包、随机点名等课堂互动，大班教学也能人人都发言，其操作如下。

第一步：创建课程和班级，如图 11-34 所示。

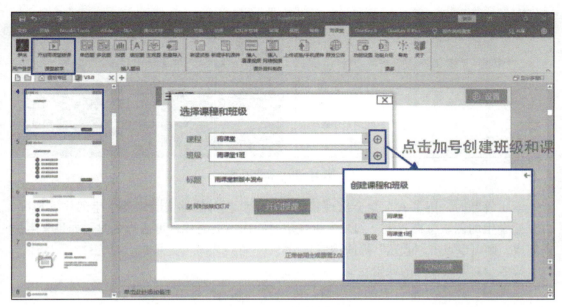

图 11-34　创建班级

第二步：开始授课。屏幕出现二维码，学生通过终端扫描二维码或输入课堂暗号进入课堂。

当处于授课状态时，课堂教学区的"开启雨课堂授课"会变为"放映幻灯片"和"结束本次授课"，点击"放映幻灯片"，学生进入课堂能够实时接收到教师的幻灯片屏幕和发布的作业，如图 11-35 所示。开始授课后，教师既可通过手机端操控屏幕，也可以在电脑端进行控制。

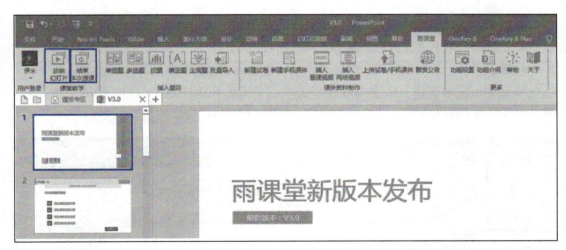

图 11-35　开启和结束授课

第三步：授课过程中发布习题给学生练习。

在教学过程中，PPT 播放到题目页的时候，点击屏幕右下方"发送题目"，如图 11-36 所示，题目发送后学生即可在手机上收到题目并作答。为了便于教师掌握课堂节奏，可根据题目的难易程度设置学生做题的时间。

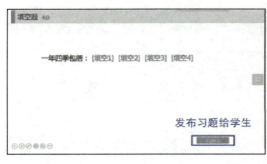

图 11-36　发布习题

学生答题时，屏幕右上角会出现答题倒计时，教师能够实时观测学生的作答情况，以判断学生的课堂掌握程度。如果学生规定时间内不能完成，可适当延时，如果学生提前完成，则可以点击"收题"提前结束。

第四步：开展实时的课堂互动。

授课时，点击屏幕右边的悬浮窗，可以打开一个对话框，如图 11-37 所示，包含"开启直播""开弹幕""截图""二维码""随机点名"五个功能。

图 11-37　课堂互动

- 开启直播：教师能够实现对远程端的学生进行授课。开启直播权限须在雨课堂公众号中申请，验证通过后方可对选择的班级进行直播。
- 开弹幕：开启弹幕后，学生能够即时发表自己的观点、看法。
- 截图：截取屏幕的图片。
- 二维码：展示本课程的二维码及课程暗号。
- 随机点名：对学生随机点名，被点名的学生会在手机端收到教师的点名。

第五步：结束授课。结束幻灯片放映后，点击电脑端屏幕左上角"结束本次课程"或手机端选择"结束课程"即可结束课程，如图 11-38 所示。

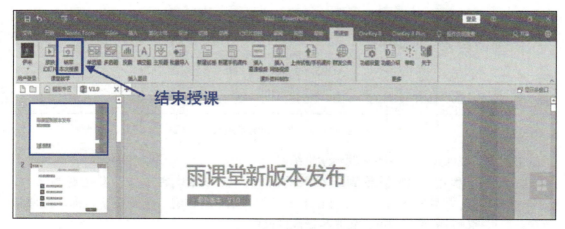

图 11-38　结束授课

五、课后布置作业与数据分析

　　雨课堂中的试卷可以用于课下推送给学生做作业。"试卷"可以将各种题型整合在一起，制作时只需要添加题目即可。"试卷"上传后保存在教师手机端的［试卷库］中，供教师随时调用。

　　第一步：电脑端制作试卷，并上传至手机端。新建试卷 -> 选择题目类型制作题目 -> 上传试卷，如图 11-39、图 11-40 所示。需要特别注意的是，在新建试卷时，封面页不能删除，删除后将无法上传至试卷库。

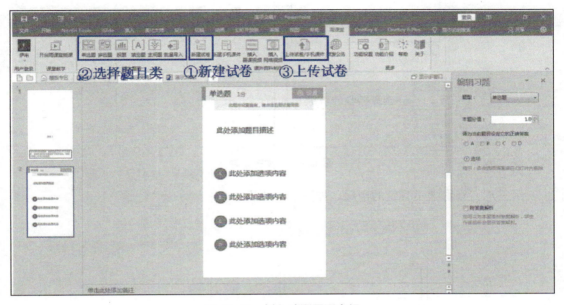

图 11-39　插入试题页面介绍

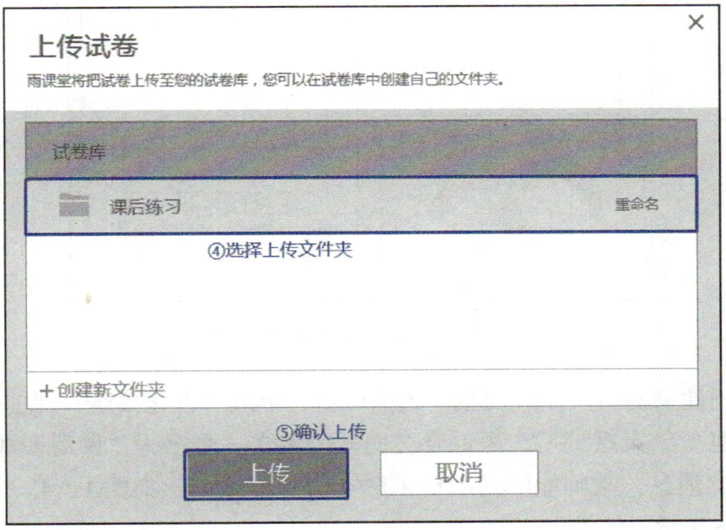

图 11-40　上传试卷

第二步：预览并发送给学生。上传成功后，手机端会收到文件上传成功的通知，点击查看详情确认无误后，即可发布，如图 11-41 所示。

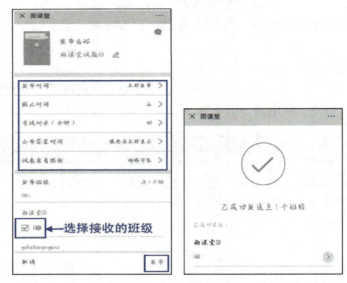

图 11-41　发布试卷

第三步：查看学生答题的情况，如图 11-42 所示。

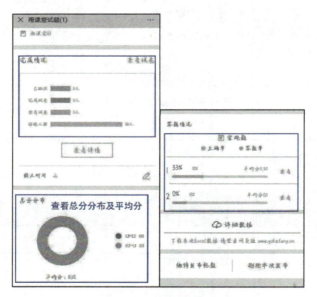

图 11-42　答题情况分析

下课后，雨课堂提供全周期的教学数据分析，形成个性化报表，课前一课中一课后，每一步都看得见。结束授课后，雨课堂会向教师推送一个名为"课后回顾与练习"的消息，点击查看此消息，教师能够精准地了解本次课程数据，如图 11-43 所示，学生也可在手机端查看本次学习的报告。

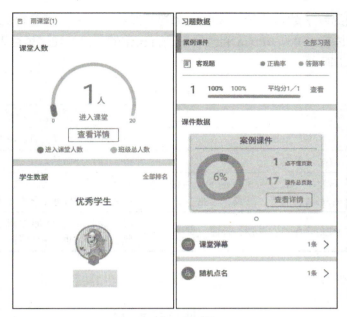

图 11-43　课程数据

　　除以上几种功能外，雨课堂还有许多其他的功能，如群发公告、制作手机课件等，同时提供在线网页版，在没有网络的情况下，还能够通过蓝牙进行连接。"雨课堂"使用的便利性加速了其进入一线课堂的步伐，尤其在混合式课堂教学中，雨课堂能够有效地促进教学互动，激励学生积极加入课堂。

第五节　回顾与练习

　　本章我们主要学习了混合式教学模式的内涵。对智慧教学、智慧课堂中需要用到的终端和平台进行了初步了解。智慧教学平台是师生互动的教学平台，留存了大量的教学交互数据和设备资源使用数据，通过纵向分析数据的变化，横向分析数据间的关联，便可以知晓教学行为的变化和学生学业水平的变化，这就是学习分析，这些数据价值的挖掘体现一个教师数据素养水平的高低，也是人工智能和大数据发展对教师核心素养的必然要求。

　　目前主流智慧教学系统和工具普遍提供数据分析报表，教师可以在此基础上进一步挖掘更深层次的规律，基于大数据进行精准测评和学情分析就是教师数据素养的体现。

　　本章简要介绍了智学网、蓝墨云班课、UMU 和雨课堂的使用。UMU 这款工具简单又实用，对开展课堂互动、制作微课资源和开展直播教学等活动很有帮助。雨课堂与清华学堂在线的慕课可以无缝连接，极大延伸了课堂教学可以使用的资源。雨课堂能够将丰富的教学资源轻松插入幻灯片，随时随地推送到学生微信。将习题融入 PPT，一键发送给学生，随时讲，随时测，而且还能实时查看测试结果，做到即时反馈。题型多样，包含主客观题、投票题、附件作答、拍照上传、语音回复，满足不同作业需求。数据驱动，提供全周期的教学数据分析，课前一课堂一课后，每一步都看得见。它和 UMU 的区别在于雨课堂是基于 PowerPoint 和微信来进行操作的。我们在这里可以对比一下 UMU 和雨课堂的主要不同点，如表 11-3 所示。

表 11-3　UMU 和雨课堂对比表

项目	UMU	雨课堂
支持环境	Web/IOS/Android	Windows 7 及以上 /PowerPoint2010 及以上
多屏互动方式	网站与手机 App	PPT 插件与微信
互动方式	问卷、签到、考试、提问、讨论、拍照上墙、抽奖、游戏、作业	签到、弹幕、随机点名、随堂习题、考试、投稿、课堂红包、不懂反馈
内容呈现形式	图文、音频、视频、微课、直播	PPT 课件可以添加习题、视频 /MOOC 视频、语音，也支持直播

通过本章的学习，你是不是更有信心让课堂变得更加高效了呢？

常见问题及解决方法

Q1：在 UMU 学习互动平台录制语音微课时，如何将 PPT 转存为图片进行使用？

A1：打开 PPT，点击最上方"文件"。进入文件之后，点击"导出"。在"导出"中选择需要的格式 PNG 或 JPEG，即可将 PPT 中的幻灯片导出成单张的图片。

Q2：UMU 互动学习平台发起直播过程中，出现镜头对焦闪烁不稳定或画面卡顿是什么原因？

A2：直播本身对手机硬件有一定的要求，出现直播镜头对焦闪烁不稳定、画面抖动等情况，可能与硬件相关。直播对于网络要求比较高，直播过程中网速尽可能稳定，如 Wi-Fi 不稳定，建议使用移动数据流量包。

Q3：雨课堂安装后，在 Powerpoint 上没有显示该怎么办？

A3：以 Powerpoint2013 为例，点击"开发工具"选项卡中的"COM 加载项"按钮，弹出"COM 加载项"工作窗口，在"可用加载项"列表中找到雨课堂，在雨课堂前面点击、打上对勾即可。下面是使用雨课堂时对电脑和手机的要求：

操作系统：支持 WindowsXP SP3、Windows7 或以上版本；不支持 Mac OS X、Linux、Unix 等其他操作系统。MAC 用户可通过安装 Windows 及 OSX 双系统或虚拟机 windows 安装使用雨课堂。

Office 版本：支持 Microsoft office2010 及以上所有版本；支持 WPS office 个人版。

手机端：支持安卓 4.4.4 及以上版本或 IOS 8.0 及以上版本操作系统；雨课堂是基于微信开发的课堂工具，无须安装 App，只需在微信上关注雨课堂公众号即可。

Q4：雨课堂中如何批量导出教学数据？

A4：步骤如下：

（1）使用电脑浏览器打开雨课堂网页版（http://ykt.io/web），并扫码登录；

（2）选择需要导出数据的班级，进入教学日志列表页面；

（3）点击页面右侧的"批量导出数据"功能按钮，进入相应页面；

（4）勾选需要导出的教学任务，点击页面右上角的"批量下载"按钮。

拓展学习

国内还有一些工具和平台能够很好地支持混合式教学的开展，以下推荐两个平台给大家探索使用：

1. 云班课（https://www.mosoteach.cn）：云班课平台可以轻松管理班课，管理学生、发送通知、分享资源、布置批改作业、组织讨论答疑、开展教学互动和小组活动。

2. 课堂派（https://www.ketangpai.com）：课堂派能很好地支持混合教学。课前备课：创建课堂，轻松开启教学，发布预习；课中互动：随堂互动答题，提供多种互动创新场景，让课堂活起来；课后巩固：随时随地发布话题，测试，作业，在线批阅，实时查重，自动管理教学成绩，教学过程自动分析。

练习提高

练习一

你所在学校有哪些信息化教学平台？如果能够拿到数据，你想分析哪些数据？

练习二

本章我们介绍了常用的智慧教学平台，并给出一个智慧课堂的案例，你心目中的智慧课堂是什么样的呢？

练习三：

请用 UMU 教学互动平台雨课堂选择一节任教学科的内容设计，并开展实施课堂内的混合式教学。要点：

（1）添加两个以上的互动活动，包括签到、拍照上墙、弹幕、随堂习题等；

（2）添加一篇文章、一个图片、一个视频等制作一个学习单元。

第十二章

智慧课堂 App 面面观

随着智能手机和平板电脑的普及，教师也可以在手机上通过各类 App 进行备课和课堂的互动教学。如何将教师个人手机或 PAD 上的教学内容、测评结果以及任务要求等投屏给全体学生看？众多教学类 App 如何选择用于课堂？这是每个老师都会遇到的问题，本章我们学习多屏无线互动、典型学科的 App 等，学会利用多种教学资源去服务于课堂教学。

第一节　多屏无线互动，线上线下无缝连接

一、什么是多屏互动

多屏互动，指的是通过稳定的 Wi-Fi 网络连接，在不同多媒体终端上进行多媒体（图片、音频、视频）内容的传输、解析、展示、控制等一系列操作的平台。比如，教室的希沃白板，教师的教学 PAD、学生的 PAD 等互动教学工具之间的内容跨屏呈现和互动，都需要用到多屏互动。

多屏互动通过其多屏交互，可以有效解决小组成果展示和学生个性化学习效果展示方面所存在的问题，教师能够及时根据不同的需要切换不同的内容，以呈现出所需的成果，从而满足不同小组和个人的个性化以及差异化的学习需求，增强课堂的趣味性和互动性，在教师课堂展示、师生交互活动、小组合作探究实践、学生个性化学习、小组及个人成果展示等各个环节让课堂随时动起来。以下介绍几款简单实用的多屏互动软件，包括希沃授课助手、Windows10 手机投屏和华为手机助手。

二、希沃授课助手：打通手机和黑板的任督二脉

1. 希沃授课助手简介

前面在第八章第二节中我们已经学习了希沃白板设备的操作以及用希沃白板 5 制作课件，那么如何让设备、课件在课堂上随时调用起来呢？我们可以使用希沃授课助手，利用手机来遥控电脑，让教师和学生之间及时互动，及时分享与评价。希沃助手的基本信息如表 12-1 所示，具体操作如下。

表 12–1　希沃助手的基本信息

类别	多屏互动工具
网站	http://e.seewo.com/product/seewolink
支持的平台	Windows7/8/10、iOS8 及以上
主要功能	手机拍照上传、图片优化、课件演示、桌面同步
应用场景	随时随地拍摄学生作品，一键向全班分享；远程控制 PPT，调用激光笔及聚光灯；将大屏幕实时投影到手机或 iPad，进行无线操控

第一步：下载与安装。

手机端下载：安卓用户在应用市场上 / 苹果用户在 App Store 上搜索"希沃授课助手"，下载并完成希沃授课助手安装。

电脑端下载：进入希沃助手官网（http://e.seewo.com/product/seewolink），找到"希沃授课助手"，点击"立即下载"即可。

第二步：将手机版和电脑版连接。

有 Wi-Fi 时，在连接手机 App 和电脑前，确保手机 App 和电脑端连接在同一个网络（Wi-Fi）下，如图 12-1 所示。

手机端或 iPad 所在无线局域网　　　　　　　电脑端所在无线局域网

图 12–1　Wi-Fi 连接

无 Wi-Fi 时，在手机端打开希沃授课助手 App 后，如图 12-2 所示，点击扫描连接，扫描电脑端希沃助手页面上的二维码，就可完成连接。

图 12–2　扫码连接

连接成功后，主界面上可以选择五大功能，即移动展台、演示课件、桌面同步、文件上传、触摸板，如图 12-3 所示。

2. 希沃授课助手在课堂教学中使用场景与方法

场景一：拍照上传（移动展台），展示学生作品。

在课堂教学过程中，通过拍照上传，可以直接投影教师需要展示的内容，并且可以在展示的内容上进行及时的批改。

这时你的课堂相当于多了一个移动的摄影机，在进行实验操作的时候，就可以多角度、清楚地将实验的操作过程展示给全班学生看，如图 12-4 所示。学生们上课既不用歪脖子，也不用站得高高地去看。同时，也可以拍摄下学生某项任务的完成情况，如学生进行某生物学制作的过程，通过移动展台摄像、投屏进行全程的展示，如图 12-5 所示。

图 12-3　连接成功界面

图 12-4　电脑显示画面

图 12-5　移动展台

教学过程中，某些在课堂教学中重点分析的问题和材料，学生做完练习后的结果，也可以通过常规拍照的功能进行展示，并且可以对拍照的照片上需要重点分析的部分进行放大，进行标记。因此，这项功能特别适用于实验较多的物理化学，复习练习课或者外科手术教学课堂。

场景二：将手机屏幕投屏到电脑屏幕上。

很多学科 App 有许多优质的教学资源，可以用手机打开这些 App，将手机屏幕先投屏到教室的演示电脑上，然后电脑上的屏幕内容又可以展示到大屏幕上。

第一步：点击屏幕同步，如图 12-6 所示。

第二步：点击手机屏幕同步。手机的界面信息会同步呈现在电脑屏幕上，如图 12-7 所示。

图 12-6　屏幕同步

图 12-7　手机电脑同屏

这时我们就可以看到手机屏幕上的图像投屏到了电脑上，图 12-8 所示为手机显示，图 12-9 所示为电脑显示。

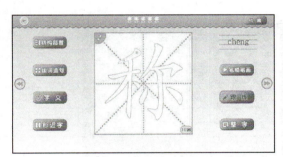

图 12-8　"我爱写字" App 手机显示

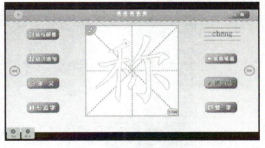

图 12-9　电脑显示

场景三：移动演示课件。

老师可以离开讲台在课堂上巡查学生的学习情况，还能远程操控 PPT，并且能对 PPT 上的内容进行实时批注，对画面进行放大缩小。

第一步：教师需要在电脑桌面上打开 PPT 或者 WPS 演示，然后点击希沃授课助手下边界面的课件展示，之后手机屏幕上会出现如图 12-10 所示的提示。

第二步：如图 12-11 所示，点击手机界面上的"播放 PPT"，就可以利用手机控制电脑播放 PPT，对其中的重点问题还可以进行回看、批注和聚光，效果如图 12-12 所示。

图 12-10　演示课件

图 12-11　手机上进行批注

图 12-12　批注在电脑显示

三、Windows10 手机投屏

微软发布了新的 Windows10 中的安卓手机投屏功能，目前仅支持安卓手机。具体操作步骤如下。

第一步：点击"连接"，选择"投影到此电脑"，在弹出的界面中设置"所有位置都可用"，此时，我们完成了电脑端配置完成，如图 12-13 所示。

图 12-13　电脑端连接设置

第二步：做手机端的设置，以小米手机为例，打开"设置"，点击"更多连接方式"，在进入的下一个页面中点击"无线显示"，开启设置即可找到电脑" XM110"，点击"XM110"即完成设置，如图 12-14 所示。

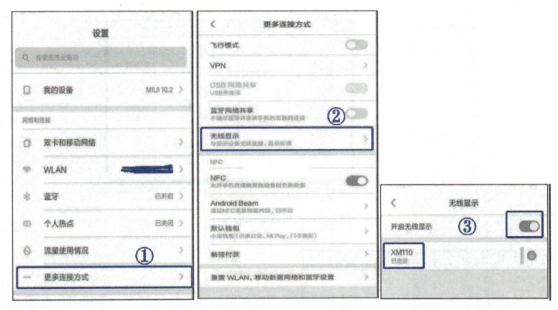

图 12-14　手机端连接设置

四、华为手机助手软件

华为手机助手是一款管理华为智能 Android 设备的工具，需要安装在电脑上使用，同时支持 USB 和 Wi-Fi 连接。通过电脑方便地管理联系人、短信、图片、应用程序以及 SD 卡中的文件备份恢复手机数据，让你的重要资料不会丢失，其教学功能主要用于文件传输、课件演示、桌面同步。

第一步：用数据线将手机与电脑相连，如图 12-15 所示。此时在手机上会出现 USB 连接方式的选择。我们选择"传输文件"方式。

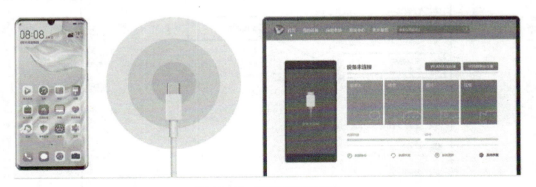

图 12-15　数据线连接电脑

第二步：在手机上确定允许这台计算机上的 Hisuite 连接设备。

第三步：打开手机上的手机助手应用，将显示的八位验证码输入在电脑端的验证码输入框中，并点击"立即连接"按钮，如图 12-16 所示。

图 12-16　输入验证码连接

五、如何免装软件实现手机投屏？

现在手机、平板等设备的屏幕是高清多点触控屏，通过投屏技术，手机可以变成功能强大的移动手持白板。这里介绍两种不需要安装软件就可以实现手机屏幕投屏到电子白板或电视机上的方法。

1.Wi-Fi 投屏电视机 / 白板

目前大部分安卓手机和苹果手机都在系统内部集成了无线投屏的功能，只要保证电视 /电子白板和手机在同一 Wi-Fi 环境下，打开电视 /电子白板内的屏幕镜像 /多屏互动 /投屏功能，同时打开手机上的无线投屏，以华为荣耀手机为例，选择"设置—更多连接—无线投屏"，如图 12-17 所示，就可以搜索到电视机 /电子白板的设备名称，点击连接即投屏成功。

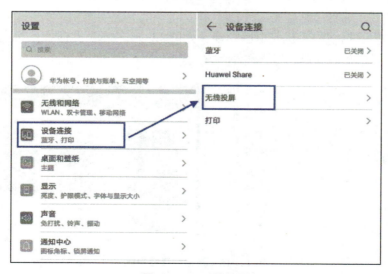

图 12-17　无线投屏

用这种方法，不用安装任何投屏软件，只要保证手机和电视 / 电子白板在同一 Wi-Fi 环境下就可以实现投屏。

2. 蓝牙投屏电视机

第一步：打开手机的蓝牙功能。

第二步：在电视机的"应用"桌面找到"设置"或按遥控器【设置】键后选择"系统设置"。

第三步：进入系统设置后找到"配件"选项，确定进入，如图 12-18 所示。

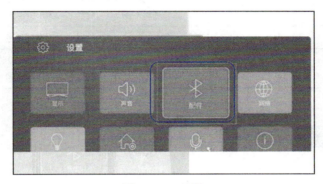

图 12-18　配件

第四步：选择自己手机的蓝牙名称，点击连接，配对成功后就能实现手机屏幕投屏到电视屏幕上。

第二节　多学科 App 面面观

随着智慧终端的使用，学校教育中越来越多的教师会使用免费的学科 App 来开展教学。众多 App 鱼龙混杂，需要仔细筛选，特别是要严格遵守教育部 2018 年以来印发的有关文件规定。2018 年 12 月 25 日，教育部办公厅印发的《关于严禁有害 App 进入中小学校园的通知》，坚决防止有害 App 进入中小学校园。2019 年 5 月 29 日，广东省出台《广东省面向中小学生校园学习类 App 管理暂行办法》，被业内称为学习类 App 监管"首开先河"。2019 年 9 月 5 日，教育部、中央网信办、工业和信息化部、公安部、民政部、市场监管总局、国家新闻出版署、全国"扫黄打非"办公室等部门联合印发《关于引导规范教育移动互联网应用有序健康发展的意见》。这是国家层面发布的首个全面规范教育 App 的政策文件，覆盖各学段教育和各类教育 App，对促进"互联网＋教育"发展具有重要意义，提出：一要落实教育 App 的备案制度；二要开展 App 的专项清理；三要促进教育 App 有序健康发展。同时也指出，推荐使用的教育 App 遵循自愿原则，不得与教学管理行为绑定，不得与学分、成绩和评优挂钩。

2019 年 11 月，教育部印发《教育移动互联网应用程序备案管理办法》，持续推进教育 App 备案，截至 2021 年 9 月 15 日，公布了备案的 4 287 个教育 App 名称及备案号，具体名单可以到"教育移动互联网应用程序备案管理网站"查询（http://app.eduyun.cn/)，该网站还可以查询任何一所学校要求使用、推荐使用和自研自用的 App。

我们在筛选了语文、数学、英语学科的五款 App 推荐给大家使用，各工具的备案号如表 12-2 所示。

表 12-2　语数英学科 App 工具表

学科	工具及备案号
语文	畅言晓学（教 App 备 3400008 号） 悟空识字（教 App 备 3300084 号）
数学	狸米学习（教 App 备 1100428 号）
英语	BOXFiSH 盒子鱼英语（教 App 备 1100428 号） 纳米盒（教 App 备 3100054 号）

一、语文学习工具

1. 畅言晓学

畅言晓学是科大讯飞公司依托其核心的语音测评技术、图文识别技术以及人工智能技术、大数据分析技术所打造的一款面向小学生和家长的教学服务工具。产品侧重于培养学生能力的全面发展，例如学习能力、实践能力、创新能力、健康生活等。学生在畅言晓学 App 上做练习，对于学生而言，学习更加趣味多元，实现"晓学习"。对于老师而言，系统智能批改学生作答结果，帮助老师分析学情、减负增效，实现"晓学情"。对于家长而言，畅言晓学通过连接家校，构建了一个云端学习共同体，家长更好地了解孩子的学习和成长情况，实现"晓成长"。在这个过程中，系统会动态采集学情数据并生成数据分析报告，把老师从繁重的作业批改检查工作中解放出来，有更多的精力做一些创造性的教学研究工作，实现因材施教、精准教学，最终实现"晓教学"。

其教师版支持将预习资料、课堂笔记、微课视频、拓展资料等分享到班级圈供学生下载查看，实现课内课外无缝衔接。

2. 悟空识字——在游戏中识字

悟空识字是一款适合 3 ～ 8 岁儿童的识字软件，整套软件包括 1 200 个常用字，1 200 个句子和 5 000 个词语。结合儿童熟悉的《西游记》场景，让儿童在游戏中快乐识字。

主要功能如下：识字教学，采用动画的形式，生动教学；培优拓展，通过阅读拓展词语；采取游戏进行复习；阶梯阅读，边识字边阅读。

孩子通过"悟空识字"完成学习任务后，系统还会有相应的奖励，例如出色完成学习任务的应用回顾与练习，可以获得小红花以及儿童故事书等。这种奖励机制能够提高学生的阅读兴趣，从而使他们更好地学习汉字。除此之外，还提供了"开心广场"等功能，学生可以与其他人共同学习。

第一步：安装与注册。在悟空识字官方网站（http://gongfubb.com）上可以直接在线使用，也可根据需要下载安装 Windows 版、iOS 版或 Android 版。安装完成后，会在桌面上看到悟空识字的图标。手机端可通过扫描图中的二维码下载安装。

第二步：进入学习。登录悟空识字界面，学习向导会提示学习流程，帮助学生进入到正式学习的环节。

第三步：开始汉字学习。汉字的学习分为六个阶段，初识汉字、快速巩固、跟读汉字、听字辨音、认字辨音和组词填空，如图 12-19 所示。

图 12-19　初识汉字

二、数学学习工具

"狸米学习"是由教育部数学教育技术应用与创新研究中心研发的新一代数学学习系统，收录了全国各地主流的小学数学教材，包含小学 1～6 年级数学所有知识点，方便不同地区的学生使用。每个知识点都有相应的题，学习的新知识可以及时巩固练习。

狸米学习能把学生做错的题目自动收录到错题本，学生可以根据实际情况立即订正或者以后订正，每道题都有详细的解析，让学生"知其所以然"，弄懂自己做错的原因是什么，掌握同类型题目的解决方法。订正后软件会出一道同类型题目让学生解答，学生由此可以检测自己是否对所错题目真正掌握，反馈学习效果。通过解析和举一反三，提高学生对知识归纳总结和自主学习的能力。

三、英语学习工具

1. BOXFiSH 盒子鱼教师版

BOXFiSH 盒子鱼英语由北京盒子鱼教育科技有限公司开发，2012 年起面向 K-12 领域提供英语学习 App，有学校版、教师版、家长版、学生版，面对公立学校提供覆盖课上学习与课下练习等场景英语教学。

BOXFiSH 教师版主要用于课堂内容的辅助，布置盒子鱼里的题目为作业；学生课上课下在平台的学习表现都会记录在后台，老师可根据学生的学习情况调整课堂内容。

（1）查看配套的课程资源。盒子鱼涵盖了 1～8 年级的多种版本教材对应的课程内容，老师可以根据自己所在地区和所教年级选择相应的教材。每个单元的内容由词汇组合与用法、语法应用、功能对话和话题听力与文章四大部分组成。

（2）班级管理。点击"新建班级""输入班级名称"，就完成了班级的创建。学生输入教师的账号可申请加入班级。在班级中可查看班级学生的学习进度和学习情况。

（3）快速给学生布置任务。点击"一键布置""开始布置智能作业"，如图 12-20 所示，选择年级、教材版本、单元、开始时间、结束时间、选择布置班级，设置后点击"确定"就完成了作业的布置。

图 12-20　布置智能作业

（4）使用 BOXFiSH 教师版上课。点击"上课"，每个单元都有完整的电子教材，有良好的交互，以及对应的讲解和例句，能减少教师的备课工作，如图 12-21 所示是知识点讲解界面。

图 12-21　知识点讲解界面

（5）培优课程和口语考试。培优课程中有各项专题的课程资源；学生在学生端进行口语练习，教师可以查看学生口语练习各项的成绩。

2. 纳米盒

纳米盒是一款简单的安卓手机应用，为小学生提供了全科课本自带录音在线点读、中英文经典绘本和精选视频，同时还有英语口语练习、数学口算、作文库、英汉词典等功能。它是一款专为小学生和家长设计的，专注于小学生课内辅导与成长教育的应用。

纳米盒能实现课本内容点读、连读、复读、翻译和测评。还有很多非常有特色的功能："经典绘本析"提供多部经典中文、英文的绘本赏析；"经典配音绘本"可以为中英文绘本配音、故事，激发孩子的朗读兴趣，锻炼孩子的朗读能力，提升语言表达能力。

四、其他学科学习工具

以下是化学、物理等学科的 App 介绍，如图 12-3 所示。

表 12-3　其他学习 App 工具表

学科	工具及备案号	主要功能
化学	化学大师 （教 App 备 1100150 号）	1. 内容同步校内教材，单一知识点，考点、难点、重点一一讲解 2. 大量的原创题库，创新视频式互动做题体验，边做边解题 3. 学到哪儿，记到哪儿，智能 AI 记录学习轨迹，错题智能记录，让学生有迹可循，了解自己的学习弱点
物理	物理大师 （教 App 备 1100151 号）	1. 与教材配套的物理知识微课 2. 含化学、数学、语文、科学等多学科课程
全学科	小猿搜题 （教 App 备 1100015 号）	1. 拍照搜题：不会的题轻松一拍，秒出详细解析。 2. 海量题库：全面覆盖小初高主要学科 3. 语文&英文作文：精选优质素材，让你快速掌握写作思路 4. 错题本：难题好题一键收藏，还可以导出打印

五、教师日常必备 App

开展混合式教学时，光有直播工具和学科 App 也是不够的，教师还需要使用一些教学互动工具、教学管理工具等辅助教学才能达到更好的效果，现在，把这些 App 都装进你的口袋吧！

1. 课堂互动教学 App：班级优化大师

在信息化课堂中，师生互动方式发生了很大改变，教师和学生可以借助软件进行课堂互动，以下给大家推荐这款适合进行课堂互动教学的 App——班级优化大师（教 App 备 4400023 号）。

班级优化大师是由希沃公司研发的一款以游戏化、卡通的方式在课堂上对学生的表现做出及时反馈、生成学生表现记录的软件，可以帮助学生积极参与课堂互动。

2. 知识管理 App

在信息爆炸的时代，人们获取知识的途径越来越碎片化，教师想快速地厘清思路，建立知识之间的联系，并将知识进行有序存储，可以借助知识管理类的 App。

（1）幕布——极简大纲笔记。在幕布中，可以大纲的形式清晰地记录教学笔记、活动计划安排等，同时支持一键生成思维导图。幕布支持在网页、电脑、手机等多平台进行内容编辑，且通过云端进行多平台数据的同步。

（2）Xmind 思维导图。这个软件是专门用于绘制思维导图的软件，可以帮助我们以可视化的方式整理复杂的思维逻辑，提高工作效率。Xmind 思维导图中提供了丰富的思维导图结构，还支持将绘制好的图以图片、PDF 等格式进行导出。

（3）百度云盘。手机给我们的生活带来了极大的方便，但存储容量较小，对于重要的文件资源，我们可以分类存储在百度云盘中。云盘的容量大，永久保存，且不占手机存储空间，当我们想把资源分享给别人，但文件又比较大时，就可以将文件上传至百度云盘，生成分享链接，这样其他用户就可以通过百度云盘链接访问这些资源了，非常方便。

3. 教研科研 App

教师除了进行教学以外，教研和科研也是不可或缺的，我们能否借助手机开展移动教研，提高科研的效率，促进教师专业发展呢？当然可以，下面我们就推荐几款教研科研 App 神器。

（1）听评课。"听课评课"与"课堂观察"是教研活动的常用方式。听评课 App 是继教网开发的一款专为教师打造的移动听评课软件。听评课 App 提供丰富的课堂视频，用户可以随时运用听评课，记录学习课程。听评课 App 通过建立科学的评课模型，整合网络、大数据、移动设备，方便数据记录，利用数据分析方法，让听评课活动在信息化环境下打破时空限制，更加高效和便捷地开展。

（2）手机知网。手机知网是中国知网的手机端，提供全国上万种期刊、报纸等内容的个性订阅，是阅读和研究的重要工具。

（3）听课本。听课本是由北师大未来教育高精尖创新中心开发的一款听课记录 App，教师可以通过手机记录听课内容，通过课堂编码工具等量化分析课堂行为。

4. 日常办公 App

教师工作既涉及与同事的合作，也涉及与家长的沟通，因此在日常办公中，好的App 能帮助我们大大提高工作效率。

（1）一起写。一起写支持多人协同编辑，使教师之间协作编辑文档、表格和 PPT 变得更快捷。

（2）CS 扫描王。在工作中，我们经常需要将纸质文档扫描成电子版，但身边又没有扫描仪，可以下载 CS 扫描王，轻松扫描、保存并分享文档。

（3）晓黑板。晓黑板的功能非常强大，方便教师与家长进行沟通交流。教师可以通过晓黑板发布通知，开设讨论，分享学生在校表现的视频，也可以在线制作成绩单，并单独发送给家长，保护学生的隐私。家长可以通过语音、图片、视频等形式将学生的背诵、写作等作业在线上传提交。

第三节 回顾与练习

本章我们了解了如何将手机无线投屏，实现多屏无线互动，让课堂随时动起来的工具，还给大家详细介绍了同屏工具：希沃授课助手、Windows10 手机投屏和华为手机助手三款同屏工具。此外，还介绍了最简单的不用安装多余软件就可以实现无线投屏的方法。

借助在线教学平台和手机 App 工具，让课堂教学与在线教学混合起来，让教学在虚拟和现实之间灵活切换，最大限度地调用学习资源，让学生充分参与到教学活动中。

我们初步了解了语文、数学、英语三个学科五款教学 App，分别是畅言晓学、悟空识字、狸米学习、BOXFiSH 盒子鱼英语和纳米盒，此外还介绍了其他学科工具和日常工作必备的管理类 App。选择 App 时千万要记着到教育行政部门公布的清单中查询其是否备案，没有备案的 App 是不允许进校园的。

常见问题及解决方法

Q：在使用电脑手机同屏过程中，为什么不能实现同屏？

A：无线同屏功能的使用前提是电脑要与手机接入同一个 Wi-Fi。如果电脑使用网线的话是不行的。

练习提高

请你选择本学科的一款 App，查询其备案号，用手机开展同步教学。要求：
（1）将手机屏幕投屏到课堂的大屏幕上；
（2）至少用 App 开展 10 分钟的互动教学。

参考文献

1. 第四届微课大赛作品征集活动评审标准. http://dasai.cnweike.cn/standard.html.

2. 钟绍春，张琢，唐烨伟. 微课设计和应用的关键问题思考 [J]. 中国电化教育，2014（12）：85-88.

3. 徐福荫，黄慕雄，任光杰. 数字教育电视节目制作与应用 [J]. 电化教育研究，2004（12）：65-69.

4. 顾洁，郇睿. 演播室节目制作 [M]. 北京：中国传媒大学出版社，2017.

5. 雷·库兹韦尔. 奇点临近：当计算机智能超越人类 [M]. 李庆诚，董振华，田源译. 北京：机械工业出版社，2011.

6. 中国人工智能学会，罗兰贝格. 中国人工智能创新应用白皮书 [R]. 2017.

7. 亿欧智库. 2019 全球人工智能教育行业研究报告 [R]. 2019.

8. 杨现民，唐斯斯，李冀红. 发展教育大数据：内涵、价值和挑战 [J]. 现代远程教育研究，2016（1）：50-61.

9. 吴晓如，刘邦奇，袁婷婷. 新一代智慧课堂：概念、平台及体系架构. 中国电化教育，2019（3），81-88.

10. 管珏琪，祝智庭. 电子书包环境下的课堂学习活动分析 [J]. 电化教育研究，2018，39（4）：59-65+72.

11. 张秀梅，田甜，田萌萌，高丽芝，张学波. 近十年我国智慧教学研究的演变与趋势 [J]. 中国远程教育，2020（9）：62-69.

12. 张秀梅，张悦，李佳文，田甜. 用技术学技术：教师信息技术能力提升的实证研究——运用思维导图开展教师微课制作培训项目 [J]. 中国远程教育，2019（5）：76-83.